KB265999

나는 오십에 스무살로 살기로 했다

오롯이 나답게, 떳떳하게 살아간다

나는 오십에 스무 살로
살기로 했다

50

20

최재필 지음

작품미디어

나는 오늘 서약한다.

새벽 햇살이 창문을 두드릴 때
나는 거울 앞에 선다.
그 속에 비친 나에게, 오늘 이렇게 서약한다.

* * *

더 이상 타인의 시선에 흔들리지 않는다.
오직 내 안의 진실한 목소리에만 귀 기울인다.

지나간 어제를 원망하지 않는다.
주어진 오늘을, 온전히 충만하게 살아낸다.

* * *

바쁘다는 핑계로 미뤄온 작은 기쁨들,
완벽해야 한다는 강박에 사로잡혀 놓쳐버린 순간들.

이제는 고요히 내려놓는다.

* * *

그제야 깨달았다.

사랑해야 할 첫 번째 사람은 바로 나.
용서해야 할 첫 번째 마음도 내 마음.

상처받고 아파하는 이 모습까지도,
완전하지 않은 모든 순간까지도,
있는 그대로 받아들이겠다고.

* * *

나는 서약한다.

가슴 깊이 묻어둔 꿈들을 다시 꺼낸다.

5

두려움보다 용기를 먼저 택한다.

누군가와 나를 비교하지 않는다.
오직 내 속도로, 넘어져도 일어서며 걷는다.

* * *

인생이라는 아름다운 여행 속에서,
나는 오늘 이 서약을 한다.

남은 모든 계절을 진실 되게,
오롯이 나답게, 떳떳하게 살아간다.

* * *

이것이 지금, 이 순간
나 자신에게 바치는 서약이다.

내 숨이 다하는 날까지 지켜갈,
나의 약속이다.

오십 즈음에

오십 즈음에, 나는 비로소 멈춰 섰다.

그토록 바쁘게 달려온 시간 속에서 처음으로 뒤를 돌아보고, 앞을 바라보고, 그리고 지금 서 있는 이곳을 온전히 느껴보았다.

뒤를 보니 후회도 있었고, 앞을 보니 두려움도 있었다. 하지만 놀랍게도 가슴 한구석에서는 설렘이 피어오르고 있었다. 마치 스무 살, 처음 세상을 마주했을 때처럼.

* * *

오십 즈음에, 나는 거울 앞에 오래 섰다.

주름진 눈가, 희끗해진 머리카락, 세월이 새긴 흔적들. 그런데 이상했다. 그 모든 세월의 흔적 너머로 스무 살의 내가 보였다.

불안하면서도 설레었던 그 눈빛. 서툴렀지만 용감했던 그 마음. 모든 것이 처음이라 두려웠지만, 동시에 모든 것이 가능했던 그 시절의 나를 다시 만났다.

그제야 깨달았다.

나의 오십은 이십을 너무 닮았다.

* * *

오십 즈음에, 나는 거짓말들에서 벗어났다.

"이제 나이가…"
"오십이면 내려놓을 때야."
"새로운 시작은 젊은이들의 특권이지."
"꿈꾸기엔 너무 늦었어."

우리는 그동안 이런 말들을 들어왔다. 하지만 오십 즈음에 이르러, 이 모든 말들이 얼마나 큰 거짓인지 알게 되었다.

나이는 단지 숫자였다. 진짜 중요한 것은 지금, 이 순간 나의 가슴이 무엇을 향해 뛰고 있느냐는 것이었다.

오십은 끝이 아니었다. 오히려 가장 진솔한 시작이었다.

* * *

오십 즈음에, 나는 새로운 가능성을 본다.

이제 나에게는 젊은 날에는 없었던 것들이 있다.

수많은 실패와 성공을 통해 얻은 지혜.
삶의 굴곡을 지나며 쌓아온 경험.
그리고 자신만의 리듬으로 살아갈 수 있는 자유.

이 모든 것을 품고, 나는 다시 출발선에 선다.

* * *

오십 즈음에, 나는 책을 쓴다.

이 책은 오십 즈음에 선 당신에게 보내는 편지다.

혹시 당신도 지금 이런 질문을 하고 있는가?

"이제 너무 늦은 건 아닐까?"
"나에게도 아직 기회가 있을까?"
"다시 시작할 용기를 낼 수 있을까?"

그렇다면 이 책을 펼쳐보라.

당신은 혼자가 아니다. 오십 즈음에 선 수많은 이들이 지금, 이 순간 당신과 함께 걷고 있다.

* * *

오십 즈음에, 당신에게 말한다.

당신의 가장 빛나는 날들은 아직 시작되지도 않았다.

오십은 석양이 아니다. 가장 찬란한 여명이다.
오십은 끝이 아니다. 가장 진실한 시작이다.
오십은 내려놓는 시간이 아니다. 가장 소중한 것을 붙잡는 시간이다.

자, 이제 함께 떠나보자.

당신의 두 번째 청춘으로.
당신의 새로운 전성기로.
당신만의 빛나는 시간으로.

오십 즈음에, 우리는 다시 시작한다.

* * *

이 책은 단순한 에세이가 아니다.
천만 명의 오십 세대에게 보내는 희망의 편지다.

'나의 오십은 이십을 너무 닮았다'라는 깨달음에서 시작해,
'나는 오십에 스무 살로 살기로 했다'라는 결단으로 끝나는 이
여정에서,
당신은 두 번째 청춘의 용기를 발견하게 될 것이다.

늦게 피는 꽃이 더 아름답다.
바로 이 책이, 바로 당신이 그렇다.

* * *

당신의 오십이 이십처럼 빛나기를.
아니, 이십보다 더 깊고 아름답게 빛나기를.

오십 즈음의 당신을, 진심으로 응원한다.

- 최재필

· 차 례 ·

5장

인생을 바꾸는 만남은 계속된다.

1장

아직 최고의 순간은
오지 않았다.

어느 날 또 다른 인생이 찾아왔다.

"요즘 뭐해?"
"그냥… 쉬고 있어."
"이제 뭐 할 거야?"

이런 대화를 할 때마다 마치 지난주에 산 상추처럼 느껴졌다.
신선함은 사라지고, 쓰레기통에 처박힐 날만 기다리는 존재.

우리 사회는 여전히 생산성으로 사람의 가치를 매긴다.
하지만 인간의 가치를 생산성만으로 측정하는 것은
가장 비싼 시간을 가장 싼 일에 쓰는 것과 같은 어리석음이 아닐
까?

세네카는 "인생은 짧지 않다. 우리가 그것을 낭비할 뿐."이라고
말했다.
어느 날 아침, 커피를 마시며 문득 깨달았다.

나는 이제 '인생의 새 학기를 시작하는 학생'이다.

축하해!

* * *

떠난다는 것은 포기하는 것이 아니다. 계속 움직이는 것이다. (중략) 직장이든 습관이든 버리고 떠난다는 것은 꿈을 실현할 수 있는 쪽으로 움직이기 위한 방향 전환이다.

- 롤프 포츠(Rolf Potts, 여행작가), 『떠나고 싶을 때 떠나라』 중에서

내 최고의 순간은 아직 오지 않았다.

어느 날 또 다른 인생이 찾아왔다.
처음에는 끝이라고 생각했지만, 알고 보니 시작이었다.

나는 이 새로운 인생에서
'내가 있고 싶은 곳'에 있을 것이다.
'내가 되고 싶었던 사람'이 될 것이다.

더는 직함이나 연봉으로 나를 증명하지 않아도 된다.
이제는 그저 '나'로 살아가면 된다.

이 새로운 시작에는 우리가 젊은 시절에는
결코, 가질 수 없었던 세 가지 보물이 있다.

수많은 실패와 성공을 통해 얻은 지혜,
삶의 굴곡을 지나며 쌓아온 경험,
그리고 마침내 자신만의 리듬으로 살아갈 수 있는 자유가 그것
이다.

밀물은 반드시 밀려온다.
그날, 나는 바다로 나아갈 것이다.

'내 인생의 가장 아름다운 시간은 아직 오지 않았다.'

세상을 살아가는 방법에는 두 가지가 있다. 기적이란 없다고 믿고 사는 것과 어디에나 기적이 존재한다고 믿고 사는 것. 나는 후자의 삶을 선택하기로 했다.

- 알버트 아인슈타인(Albert Einstein, 물리학자)

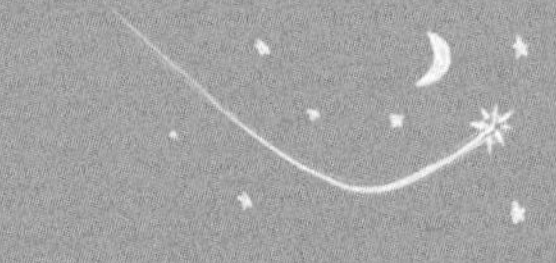

아직은 때가 아니다.

더는 갈 곳이 없다는
엄청난 거짓 확신이 수없이 밀려왔다.

그러나 내 안에 있는 지혜는
그때마다
"아직은 때가 아니다. 아직 무릎을 꿇을 때가 아니다."라고
나에게 속삭여 왔다.

이것이 끝이 아니다.
굴복할 때가 아니다.
가자! 결코, 포기하지 마라!

최고의 순간에 오르려면
지름길이 아닌 구불구불한 길을 지나야 한다.

최고의 순간에 오르려면
지름길이 아닌 구불구불한 길을 지나야 한다.

케이블카를 타고 산 정상에 오른 사람과
험한 등산로를 따라 올라간 사람의 차이를 생각해 보라.

풍경은 같지만, 경험의 깊이는 천양지차다.

직선의 길을 택한 이들이 정상에서
"와, 멋지다"라고 말할 때,
구불구불한 길을 걸어온 이들은
말없이 눈물을 흘린다.

나는 오십에
편안함 대신 불확실성과 도전을 선택했다.
두렵지만 가슴 뛰는 모험이다.

이 구불구불한 길 위에서
나는 더 진정한 나를 만나게 될 것이고,
더 깊은 의미와 기쁨을 발견하게 될 것이다.

구불구불한 길을 걷는 용기는
평범한 삶과 비범한 삶을 가르는 차이다.

그 길이 나를 특별하게 만들고,
나만의 이야기를 만들어 간다.

지금 어떤 어려움을 겪고 있든,
어떤 갈림길에 서 있든,
기억하라!

그 길의 끝에는
나만이 도달할 수 있는
특별한 정상이 기다리고 있다.

구불구불한 길에 기병대는 오지 않는다.

인생은 일직선이 아니다.
성공한 인생은 언제나 구불구불한 길을 통과한다.

성공한 이들은
평균 서너 번의 심각한 실패를 경험했다.
실패는 그들에게 마침표가 아니라 쉼표였고,
좌절은 새로운 길을 발견하는 기회였다.

오십에 창업해 성공한 기업가들,
평생 무명으로 살다 뒤늦게 인정받은 예술가들.
그들의 공통점은
남들이 가지 않는 길을 선택했다는 것이다.

그 길에서
그들은 자신만의 특별한 이야기를 만들어 냈다.

오십에 전성기를 맞은 이들은
성공을 미리 계획하지 않았다.

끊임없이 시도하고,
실패하고, 배우고,
다시 도전했을 뿐이다.

나는 안다.
구불구불한 길에
기병대는 결코, 오지 않으리라는 것을.

모든 것이 나 스스로에게 달려 있다.

이것은 두려운 진실이면서도
동시에 가장 자유롭게 하는 진실이다.

* * *

안전이란 십중팔구 미신이다. 자연에는 그런 것이 존재하지 않는다. 그래서 길게 보자면 위험을 피하는 것보다는 차라리 그것에 맞서려고 하는 것이 더 안전하다. 삶이란 "위험을 무릅쓴 모험일 뿐."

- 헬렌 켈러(Helen Keller, 사회사업가)

안전이란 십중팔구 미신이다. 자연에는 그런 것이 존재하지 않는다. 그래서 길게 보자면 위험을 피하는 것보다는 차라리 그것

험일 뿐."

자신을 믿지 않는 사람에게
세상은 아무것도 선물하지 않는다.

최고의 선택이 최고의 기회를 만든다.

마치 퍼즐 조각을 맞추듯,

하나하나의 선택이 모여 큰 그림을 완성한다.

이 기회를 완성하려면

자신에 대한 확고한 믿음이 필요하다.

'나는 할 수 있다',

'잘될 것이다',

'옳은 선택을 하고 있다'와 같은

자기 최면을 통해 자신감을 키워 나가야 한다.

이것이 자기 확신의 시작이다.

자신을 믿지 않는 사람에게

세상은 아무것도 선물하지 않는다.

자기 확신은

기회를 알아보는 눈을 열어주고,

그 기회를 현실로 바꾸는 실행력도 만든다.

* * *

나는 기적이라는 말을 믿습니다. 그 기적은 자신의 한계를 극복하며, 간절히 원하고 기도하는 자에게만 허락된다는 것도 알고 있습니다. 겸허해야 하며, 절대 욕심부리지 말아야 하며, 더러는 포기할 줄도 알아야 합니다.

- 『괜찮아, 살아있으니까』의
엄홍길, '세상에서 가장 힘들면서도 아름다운 말, 도전' 중에서

나는 기적이라는 말을 믿습니다. 그 기적은 자신의 한계를 극복하며, 간절히 원하고 기도하는 자에게만 허락된다는 것도 알고

기회는 자기 확신으로 완성된다.

성취하는 사람에게 가장 필요한 자질은 무엇일까?
남다른 재능도, 뛰어난 지능도 아니다.
바로 자기 확신이다.

자기 확신이 없다면
불안에 쉽게 흔들리고 사소한 실패에도 무너진다.

하지만 자기 확신이 있다면
어둠 속에서 손전등을 켠 것처럼
앞으로 나아갈 길이 보인다.

자기 확신은
'실패해도 괜찮아.'라는 용기,
'틀려도 다시 시작할 수 있어.'라는 회복력,
'나는 계속 성장하고 있어.'라는 성장 마인드셋을 모두 포함한다.

그리고 세월이 주는 선물이 있다.
오십 대의 자신감은
이십 대의 자신감과는 차원이 다르다.

이십 대의 자신감이
'난 무엇이든 할 수 있어.'라는 무모함이라면,
오십 대의 자신감은
'난 이것을 어떻게 해결해야 할지 정확히 알고 있어.'라는
확신에서 나온다.

이것은 모래성이 아닌 단단한 바위 위에 지은 집과 같다.

오십 대의 자신감은 지혜와 결합한다.
어떤 기회는 잡아야 하고,
어떤 기회는 지나쳐야 한다는 것을
경험을 통해 배웠다.

그 기회가 왔을 때,

나는 평생 쌓아온 자기 확신으로

그것을 붙잡을 준비가 되어 있다.

기회는 자기 확신으로 완성된다.

최소한 혼자는 아니다.

너무 움켜쥐려 애쓰지 않아도 된다.
내 것이라면
어느 순간 곁에 와 있을 것이다.

사랑도 그렇지 않은가.
집착하면 힘들어지고
오히려 멀어지는 법이다.

산 중턱에 서 있다면
너무 서둘러 내려가지 않아도 된다.
멀리 떨어져 버리면
기회조차 나를 찾지 못하니까!

지금 이 자리에서
조금 더 편히 머물러도 된다.

산에서 내려가면 편해질까?
그곳에도 또 다른 힘듦이
기다리고 있을 뿐이다.

그러니 지금을 즐겨도 된다.
여기까지 올라온 것만으로도
충분히 잘하고 있는 거다.

진심을 담아 말한다.
편안하길.

최소한 혼자는 아니다.

* * *

정말 잘했어요. 역시 당신이네요. 당신과 떨어져 있으면 왠지 허전해. 당신이 있어서 얼마나 안심이 되는지 몰라. 난 당신을 믿어요. 미안해, 내 잘못이야. 당신 생각은 어때? 날 사랑해 줘서 고마워요.

- 잭 캔필드 (Jack Canfield, 작가),
『우리는 다시 만나기 위해 태어났다』 중에서

정말 잘했어요. 역시 당신이네요. 당신과 떨어져 있으면 왠지 허전해. 당신이 있어서 얼마나 안심이 되는지 몰라. 난 당신을 믿어요. 미안해, 내 잘못이야. 당신 생각은 어때? 날 사랑해 줘서 고마워요.

오십, 큰 뜻을 품어도 된다.

오십부터는 오히려 큰 뜻을 품는 편이 좋다.
사람은 무엇을 바라느냐가 자신을 만들기 때문이다.

꿈이란
그 꿈을 달성한 '미래'가 아닌
몰두할 수 있는 '현재'를 만들어 내기 위한 것이다.

꿈은 단순히 도달해야 할 목적지가 아니라,
매일의 삶에 의미와 방향을 부여하는 나침반이다.

대부분 사람은
꿈을 이루었을 때의 성취감만을 생각하지만,
진정한 가치는 그 과정에 있다.

꿈을 따르고 몰두하면서 수년을 살다 보면
결국 상당히 큰 뜻을 성취할 수 있다.

그리고 그 과정에서

우리는 전혀 다른 사람으로 변화한다.

더 성장하고, 더 열정적이며,

더 살아 있는 사람으로 말이다.

꿈이 있어야 나날의 삶이 즐거워진다.

같은 일상도 꿈이 있는 사람에게는

그 하루하루가 의미로 가득 찬 시간이 된다.

꿈이 당신의 인생 전체를 지탱해 줄 것이다.

오십, 큰 뜻을 품어라.

그리고 그 꿈을 향해 한 걸음씩 나아가라.

나의 인생에서 가장 아름답고 의미 있는 장이

아직 시작되지 않았을 수도 있다.

지금이 바로 그 꿈을 향해 나아갈 때다.

2장

나의 오십은 이십을
너무 닮았다.

꽃은 저마다 다른 계절에 피어난다.

꽃은 저마다 다른 계절에 피어난다.
매화는 늦겨울에, 벚꽃은 봄에, 연꽃은 여름에, 국화는 가을에
자신만의 아름다움을 뽐낸다.
그 어떤 꽃도 피는 시기가 늦었다고 한탄하지 않는다.

오십의 우리도 마찬가지다.
지금이 바로 우리가 가장 아름답게 피어날 때다.

시간은 누구에게나 공평하게 흐른다.

그 시간을 어떻게 채워 나갈지는 온전히 우리의 몫이다.
오십이라는 나이는 무한한 가능성의 문을 여는 황금 열쇠다.
그 열쇠로 어떤 문을 열지는 당신이 결정할 수 있다.

season

장미는 피지 못하는 것을 두려워한다.

장미는 지는 것을 무서워하지 않고,
피지 못하는 것을 두려워한다.

장미는 안다.
일주일이면 시들 것을.
그래도 핀다.
단 하루라도 붉게 타오르기 위하여.

장미가 피고 시드는 것,
그것은 '살아 있음'이다.

당신 안에도 꽃이 있다.
피우지 못한 채 숨죽이고 있는 꿈이.

실패가 두려워서.
시선이 무서워서.
완벽하지 않아서.

언젠가 피우리라 믿으며.
하지만 언젠가는 오지 않는다.

피지 못한 봉오리만큼 슬픈 것은 없다.

한 번도 보여주지 못한 색.
한 번도 퍼트리지 못한 향기.
그렇게 갇힌 채, 시들어 버린다.

한 번도 살아보지 못한 채, 끝나는 것이다.

피는 것은 살아 있음이다.
시드는 것은 살았다는 증거다.

완벽하지 않아도 좋다.
오래가지 못해도 괜찮다.

당신이 피고 지는 것,
그것으로 충분하다.

나의 오십은 이십을 너무 닮았다.

인생에는 두 번의 봄이 있다.

하나는 모든 것이 아직 가능할 때의 이십 대,

다른 하나는 모든 것이 여전히 가능함을 깨닫는 오십 대이다.

젊음의 꿈과 오십의 꿈은 놀랍도록 닮아 있다.

그날 밤, 서른 살 차이의 두 장면이 머릿속에서 겹쳤다.

30년 전 첫 면접을 앞두고 밤새 천장을 바라보며

불안해하던 모습과

새로운 시작을 앞두고 또다시 밤새 뒤척이는

지금의 내 모습이…

삶의 두 지점이 거울처럼 서로를 비추는 순간,

나의 오십 대와 이십 대는 너무나도 닮았다.

시간의 강을 따라 흐르다 보니

어느새 인생의 원을 그리며

나는 두 번의 청춘을 경험하고 있다.

마치 같은 노래의 다른 버전처럼,
멜로디는 같은데 편곡만 달라진 느낌이다.

오십 대는 하강기가 아닌, 새로운 출항이다.
이제는 그 열정을 어디에 어떻게 쏟아야 할지
알게 되었다는 점이 다를 뿐이다.

나의 오십과 이십은 너무나도 닮았다.

내 인생의 두 청춘

나의 오십 대와 이십 대는
인생에서 가장 큰 전환점을 맞이하는 시기다.

첫 번째 청춘과 두 번째 청춘,
그 형태는 다르지만, 본질은 놀랍게도 닮았다.

둘 다 새로운 시작을,
불확실성과의 싸움을,
끊임없는 성장을 의미한다.

이십 대 때는 모든 것이 처음이라
두렵고 설레었다면,
오십 대는 모든 것이 마지막일 수도 있다는 생각에
더욱 소중하고 의미 있게 느껴진다.

이십 대는 미래가 무한히 펼쳐져 있어 조급했다면,
오십 대는 남은 시간이 유한하기에 오히려 더 절실하다.

이 두 시기가 서로를 비추는 거울이 되어,

내 인생을 더욱 풍요롭게 만들어 준다.

내 이십 대가 오십 대를 준비하는 시간이었다면,

내 오십 대는 이십 대를 이해하는 시간이다.

이렇게 인생의 원은 완성되어 간다.

오십 대 = 이십 대,

이 놀라운 등식에서 깨닫는다.

청춘은 나이가 아니라 마음가짐이라는 것을.

설레는 가슴과 도전을

두려워하지 않는 용기만 있다면,

우리는 언제나 청춘일 수 있다.

오십이란?

오십은 독특한 위치에 있다.

'오(五)'는 중심과 균형을,
'십(十)'은 사방으로의 확장과 연결을 상징한다.

자신의 내면이 충분히 단단해진 상태에서
모든 방향으로 영향력을 펼칠 수 있는 시기다.

AI 시대, 오십은 '새로운 창조'의 원점이다.

AI가 세상을 바꾸고 있다.
변화를 두려워하는 목소리가 높다.

하지만 오십에는 특별한 힘이 있다.

우리는 인간의 지성과 인공지능을 모두 경험한
'두 브레인'을 품은 세대다.

인생의 깊이와
AI의 속도를 동시에 품은 독특한 존재다.

AI가 세상을 바꾸는 시대,
오십의 통찰력과 창의성은 더 빛난다.

30년간 쌓은 지혜에 새로운 도구가 더해지는 순간이다.

AI 시대에 오십은 끝이 아닌 '새로운 창조'의 원점이다.

우리가 믿는 거짓말

"나이 들면 배우기가 어렵다."
"새로운 시작을 하기엔 너무 늦었다."
"이 나이에 변화는 위험하다."
"안정이 최우선이다."
"꿈꾸는 건 젊은이들의 특권이다."

이 모든 것들이 얼마나 큰 거짓말인지…

오십, '균형의 미학'이 있는 삶

오십의 삶은 균형의 미학이다.

충분한 경험을 통해 얻은 지혜와
여전히 불타오르는 열정 사이의 균형,

현실적 제약과 무한한 가능성 사이의 균형.

이 절묘한 균형점에 서 있는 우리는
어느 때보다 강력한 선택의 힘을 가지고 있다.

오십의 삶은 균형의 미학이다.

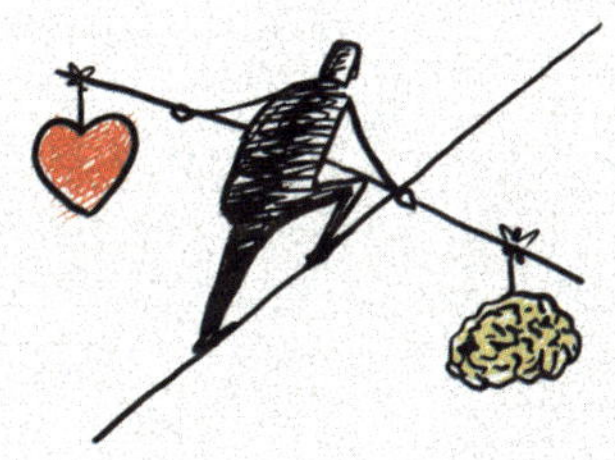

트랜스휴먼 시대, 오십은 정말 청춘이다.

새로운 트랜스휴먼[1] 시대가 열렸다.
'청춘'의 의미도 달라졌다.

오십은 더 이상 노년의 문턱이 아니다.
인생의 '두 번째 청춘'이 시작되는 황금기다.

우리는 역사상 그 어느 때보다
길고 건강한 삶을 살 수 있는 첫 세대다.

"오십이면 지천명(知天命)."
하늘의 뜻을 안다는 나이.
그러나 지금의 오십은 다르다.

우리는 자연이 정해준 법칙이 아닌,
스스로 만든 새로운 규칙으로 진화하고 있다.

---

1. 트랜스휴먼은 과학기술을 사용하여 인간의 신체적, 정신적 능력을 향상한 존재
   를 의미한다.

과거에는 하늘의 뜻을 기다렸다면,

이제는 우리가 스스로 인생의 방향을 결정한다.

"나이는 숫자에 불과하다."라는 말,

이제는 위로가 아닌 과학적 사실이 되어 가고 있다.

오십 세대는 한때 '디지털 이민자'로 불렸다.

하지만 이제 우리는 '디지털 통합자'다.

아날로그의 감성과

디지털의 효율을 모두 품은 유일한 세대.

오십은 그 중심에 서서

두 세계를 완벽하게 이어주는 다리다.

평균 수명 100세 시대,

오십은 인생의 중간 지점일 뿐이다.

트랜스휴먼 시대에서 가장 중요한 것은
기술이 아니라 '마음가짐'이다.

오십을 새로운 시작점으로 받아들이는 순간,
당신의 인생은 제2의 전성기를 맞이한다.

오십의 자본, 두 나라, 두 지구, 두 브레인

당신은 한 몸으로 '두 나라'를 살았다.

가난했던 나라가 세계 강국이 되는 역사를 온몸으로 겪었다.
그 변화 속에서 단련된 회복력과 적응력은
어떤 세대도 가질 수 없는 당신만의 보물이다.

당신은 한 몸으로 '두 지구'를 경험했다.

실제 현실과 가상공간이라는 또 하나의 지구를
모두 경험한 첫 세대로서,
두 세계를 균형 있게 바라보는 지혜와 통찰력을 얻었다.

당신은 한 몸에 '두 브레인'을 품었다.

인간적 경험과 지혜를 가진 동시에,
인공지능이라는 새로운 지능을 품은 유일한 세대로서
이 두 지성의 시너지를 만들어 낼 수 있는 특별한 위치에 있다.

이것이 바로 '오십의 자본(50's Capital)'이다.
어떤 세대도 가질 수 없는 당신만의 고유한 경쟁력이다.

오늘 저녁, 거울을 봐라.

그곳에 서 있는 당신은
'두 나라', '두 지구', '두 브레인'을 경험한
지구상 유일무이한 존재다.

당신의 전성기는 이제 막 시작되었다.
그 빛나는 여정에 온 세상이 주목할 것이다.

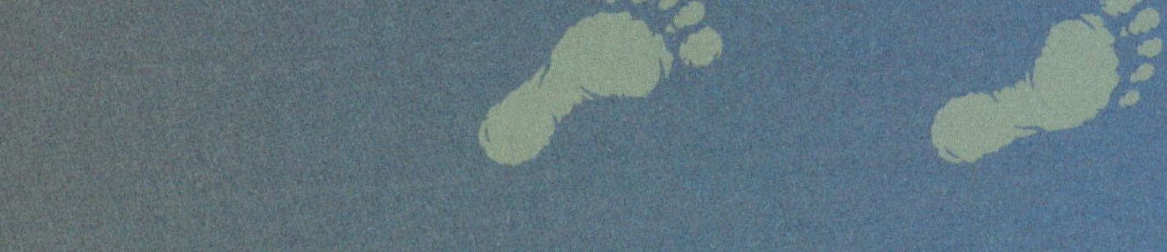

오십 예찬

오십이 이렇게 빛날 줄 몰랐다.
오십에 뭐든 할 수 있는 줄 몰랐다.
오십이 이렇게 행복한 줄 몰랐다.
오십이 이렇게 겸허히 받아들여질 줄 몰랐다.

오십이 이렇게 사랑스러운 줄 몰랐다.
오십이 이렇게 비범한 줄 몰랐다.
오십을 이렇게 예찬할 줄 몰랐다.
오십이 이렇게 고운 줄 몰랐다.

오십이 이렇게 좋은 나이인 줄 몰랐다.

"오십 예찬"은 단순한 나이에 대한 찬양이 아니다.

이는 우리 시대 오십을 중심으로
천만 명이 공감할 수 있는
새로운 인생관의 당당한 선언이다.

현재 오십 대가 860만 명으로
전체 인구의 약 17%를 차지하고,
오십 즈음의 세대를 합치면,
천만 명이 넘는 새로운 청년 세대들이 있다.

나는 이들을 '새 청년'이라고 부른다.

천만 명의 '새 청년'들에게 전하고 싶은 이야기, "오십 예찬",
오십이라는 나이가 얼마나 아름다운지에 대한 이야기다.

그렇다.
오십은 끝이 아니라 시작이다.

* * *

지금까지 늘 주먹을 꽉 움켜쥔 채 살아왔지만, 이제는 손바닥 위
에 부드러운 깃털이 놓인 것처럼 평화롭게 손을 편 채로도 삶을
살 수 있다는 걸 깨달았습니다. 그 어느 때보다도 나 자신을 가
까이 느낄 수 있었습니다.

– 엘리자베스 퀴블러 로스(Elizabeth Kubler Ross, 의사) ·
데이비드 케슬러(David Kessler, 작가), 『인생 수업』 중에서

더 강한 청춘이 시작된다.

어느 날, 80대 CEO는 내게 이런 말을 했다.

"젊은 시절, 나는 무한한 가능성을 가졌지만,

그것을 알지 못했다.

오십에는 그 가능성을 알았지만, 용기가 부족했다.

이제 나는 가능성도 알고 용기도 있지만, 시간이 부족하다.

오십이야말로 가능성, 지혜, 그리고 시간이 완벽하게

균형을 이루는 순간이다."

트랜스휴먼 시대의 오십은

더는 과거의 오십과 같지 않다.

인류 역사상 처음으로

우리는 나이의 제약에서 벗어나

새로운 방식으로 삶을 정의할 자유를 얻었다.

이 새로운 시대에 오십은 과거 어느 시대의 청춘보다

더 건강하고, 더 지혜롭고, 더 많은 가능성을 품고 있다.

진정한 청춘은
나이가 아닌 마음가짐과 가능성에서 비롯된다.

과거의 경험을 바탕으로 미래의 기술을 받아들이며,
두려움 대신 설렘으로 새로운 도전을 맞이할 때,
오십은 '더 강한 청춘'이 된다.

당신이 이미 오십이거나, 오십을 향해 가고 있거나,
혹은 오십을 지나 있다면, 이것을 기억하라.

당신 앞에는 전에 없던 가능성이 펼쳐져 있다.
오늘부터 당신의 더 강한 청춘이 시작된다!

3장

모든 것이 여전히
가능하다.

새로운 전성기의 꿈을 꾼다.

오십의 큰 장점은
나의 시간을 스스로 통제할 수 있다는 점이다.

젊은 시절에는 직장과 가정, 사회적 의무에 매여
정작 내가 원하는 일을 할 시간을 내기 어려웠다.

오십 대에 이르면
나의 우선순위를 다시 설정하고,
나의 시간을 나의 열정을 위해
투자할 수 있는 여유가 생긴다.

"만약 지금 시작하지 않는다면, 언제 시작하겠는가?"
이런 물음이 오십 대의 꿈을 더욱 강렬하게 만든다.

젊었을 때는 '나중에 언젠가'라고 미룰 수 있었지만,
이제는 그 '언젠가'가 바로 지금이라는 것을 깨닫는다.

이런 긴박감은

꿈을 향한 여정에 강력한 추진력을 제공한다.

오십 대의 꿈은 균형과 지혜를 갖추고 있다.

성공과 실패를 모두 경험한 사람만이 가질 수 있는

균형 잡힌 시각은 꿈을 향한 여정에서 흔들리지 않는 힘이 된다.

젊은 시절의 열정과 오십 대의 지혜가 만났을 때,

그것은 새로운 차원의 창조적 에너지를 만들어 낸다.

모든 것이 여전히 가능하다.

오십에 창업한 사람,

오십에 새로운 취미를 발견한 사람,

오십에 인생의 두 번째 사랑을 만난 사람,

오십에 오랜 꿈을 이루기 위해 다시 학교로 돌아간 사람들까지.

그들의 이야기에는 공통점이 있었다.

바로 '이제부터가 진짜'라는 확신과 자신감이었다.

이들이 특별한 것은

오십에 뭔가를 시작했기 때문이 아니다.

오십이라는 나이가 그들에게 준 깊이 있는 경험,

단단한 직관, 탄탄한 자신감이 있었기 때문이다.

그들은 젊은 시절에는 불가능했을 방식으로 세상과 소통했다.

천당 가봐야 별거 없다.

그날의 기억은 아직도 선명하다.
오월의 햇볕이 느티나무 사이로
부드럽게 스며들었다.
그 빛이 내 어깨를 따스하게 감쌌다.

햇살 사이 바람은
적당한 청량함을 머금고 있어
따스함과 시원함이 절묘하게 어우러졌다.
깊이 들이마신 공기가 온몸에 스며들었다.

발아래 부드러운 흙길.
겨우내 쌓였던 낙엽들이
봄비에 젖어 만들어 낸 길은
걸을 때마다 발을 부드럽게 받아주었다.

귀를 기울이니
온갖 소리가 들려왔다.
새들의 지저귐,

나뭇잎의 사각거림,
시냇물 소리…
모든 소리가 자연스럽게 어우러졌다.

다람쥐 한 마리가
호기심 어린 눈으로 나를 바라보았다.
그 작은 생명체의 부지런함이
나에게도 전해졌다.

이 순간, 문득 깨달았다.
"천당이 있다면, 이보다 더 좋을 수 있을까?"
바로 여기, 지금 내가 숨 쉬고 느끼는
이 순간이 천당이었다.

오십에 이르러 나는 비로소 알았다.

천당 가봐야 별거 없다.

* * *

아침이면 태양을 볼 수 있고 저녁이면 별을 볼 수 있는 나는 행복합니다. 잠이 들면 다음 날 아침 깨어날 수 있는 나는 행복합니다. 기쁨과 슬픔과 사랑을 느낄 수 있고 남의 아픔을 같이 아파해 줄 수 있는 가슴을 지닌 나는 행복합니다.

- 김수환(추기경), 「우리가 서로 사랑한다는 것」 중에서

내 인생의 티핑포인트, 오십

티핑포인트 이론이 설명하듯,
변화는 점진적으로 일어나다가 어느 순간
폭발적으로 나타난다.

그렇다. 오십이 바로 그 순간이다.

50년간 쌓아온 경험과 지혜가 임계점을 넘어
새로운 가치를 창출하는 순간,
우리는 인생의 진정한 티핑포인트를 경험하게 된다.

새로운 시작을 위한 첫걸음을 내딛는 것,
그것은 위기일 수도 있지만,
동시에 새로운 기회이기도 하다.

당신은 지금까지 축적한 경험과 지혜를
어떻게 사회에 이바지할 수 있을지 고민해 보는 것은 어떨까?
그것이 큰 규모의 사회 공헌 활동이 아니라도,
당신의 지식과 경험을 나누는 작은 실천은
누군가에게는 큰 영향과 도움이 될 수 있다.

우리에게 주어진 이 소중한 시기를 어떻게 활용할지는
각자의 선택에 달려 있다.

새로운 취미에 도전할 수도 있고,
오래된 꿈을 이루기 위해 노력할 수도 있다.
또는 지금까지와는 전혀 다른 분야에서
새로운 커리어를 시작할 수도 있다.

그렇다. 인생의 티핑포인트[2], 오십이다.

---

2. 티핑포인트(Tipping Point)는 점진적 변화가 임계점을 넘어 극적인 전환을 일으키
는 결정적 순간. 작은 변화의 축적이 큰 변화를 만들어 내는 지점을 의미한다.

당신 주변을 돌아보라. 움직일 수 없는 무자비한 곳으로 보일지도 모른다. 그러나 그렇지 않다. 적소(適所)를 찾아 조금만 힘을 실어주면 일순간에 바뀔 수 있다.

- 말콤 글래드웰(Malcolm Gladwell, 작가)

당신 주변을 돌아보라. 움직일 수 없는 무자비한 곳으로 보일지도 모른다. 그러나 그렇지 않다. 적소(適所)를 찾아 조금만 힘을 실어주면 일순간에 바뀔 수 있다.

내 인생의 빛나는 시간 오십,
당신의 전성기는 이제 시작된다.

오십은 인생의 티핑포인트다.

이 시점에서 당신이 내리는 결정,
당신이 품는 생각, 당신이 쌓는 관계가
남은 인생의 질을 결정한다.

오십의 당신은 지금,
그 어느 때보다 강력한 선택의 힘을 가지고 있다.

어느 날, 깨달았다.

내 인생의 최고 순간은 아직 오지 않았다는 것을.
그리고 그 순간을 맞이하기 위해서는 지름길이 아닌
구불구불한 길을 지나야 한다는 것도…

당신이 서 있는 그곳이 바로 행복이다.

오십이라는 나이.
뒤를 돌아보면 시간이
어느새 훌쩍 흘러가 버렸다.

"나는 충분히 성공했는가?
내가 사랑하는 사람들은 행복한가?"
이런 질문들이 머릿속을 맴돌며
우리를 불안하게 만든다.

그러나 지금,
우리는 선택의 갈림길에 서 있다.
남은 인생을 불안과 조급함 속에서 보낼 것인가,
아니면 지금을 온전히 받아들이며 살아갈 것인가?

미래는 불확실하다.
우리에게 주어진 건 오직 '지금, 이 순간'뿐이다.

오십은 젊음의 열정과
세월의 지혜가 만나는 황금기이다.

이제 우리에게 필요한 것은 단 하나,
지금, 이 순간이 곧 행복이라는 깨달음이다.

당신이 길을 걷다 문득 하늘을 올려다볼 때,
가족과 함께 식탁에 둘러앉아 대화할 때,
사랑하는 사람과 손을 잡고 걸을 때,
그 모든 평범한 순간이 바로 행복이다.

행복은 거창한 것이 아니다.
행복은 당신이 깨어 있는 한,
언제든 발견할 수 있는
작은 기적들의 모음이다.

오십의 우리들이여,
당신이 서 있는 그곳이 바로 행복이다.

하루하루를 더욱 온전하게,
더욱 깊이 있게,
더욱 감사하며 살아가자.

* * *

멀리 있는 사람들을 사랑하는 것은 오히려 쉽습니다. 그러나 우리에게 가까이 있는 사람들을 항상 사랑하기란 쉽지 않습니다. 여러분의 가정에 사랑을 가져오십시오. 이곳이야말로 우리 서로를 위한 사랑이 시작되는 장소니까요.

- 마더 데레사(수녀), 『모든 것은 기도에서 시작됩니다』 중에서

새로운 전성기를 맞이하고 있다.

오늘부터 시작해 보자.

아침에 거울 앞에 서서,

천천히, 또박또박 말해 보자.

"나는 새로운 전성기를 맞이하고 있다."

그리고 작은 변화부터 시도해 보자.

살던 공간을 새롭게 꾸미거나,

오래 미뤄둔 사람과 만남을 청하거나,

잠들어 있던 취미를 깨우거나,

한 번도 해보지 않은 일에 도전하는 것.

처음부터 완벽할 필요는 없다.

중요한 건 완벽함이 아니라 시작이다.

작은 한 걸음이 모여 길이 되고,

그 길이 모여 한 사람의 인생이 된다.

인생이라는 여행에서
오십은 결코 종착역이 아니다.
더 넓은 세상으로 향하는
새로운 출발점이다.

어느 방향으로 걸어갈지,
어떤 풍경과 마주할지는
온전히 당신의 선택에 달려 있다.

문득 두려움과 불안이
마음을 스칠 때마다
이것만은 기억해 보자.

당신의 가장 빛나는 날들은
아직 시작되지도 않았다는 것을.

그 빛나는 날들은
바로 오늘, 당신이 새롭게 다짐하는
이 순간부터 펼쳐진다.

행복은 거짓말쟁이다.

행복은 거짓말쟁이다.

있는 듯 없는 듯, 잡힐 듯 말 듯

그래서 더 매혹적이다.

손에 쥐었다 싶으면 모래처럼 빠져나가고,

포기했다 싶으면 어깨 위에 살며시 앉는다.

그 변덕스러운 성질을 알고 나면

오히려 친해지기 쉬워진다.

행복한 사람은 이상하다.

비가 오면 우산 소리에 기뻐하고,

길이 막히면 음악을 더 오래 들을 수 있다며 좋아한다.

엘리베이터가 고장 나면 계단 운동이라며 웃는다.

커피가 맛있으면 '보너스'

교통이 원활하면 '대박'

평범한 하루가 선물이 된다.

행복은 목적지가 아니라 여행 방식이다.
당신은 지금 어떤 방식으로 여행하고 있는가?

행복을 기다리는 사람은

버스 정류장에서 종점 행 버스만 기다리는 사람이다.
지나가는 모든 버스를 놓친다.
'완벽한 행복'이라는 환상의 버스를 기다리며,
'조금 행복', '절반 행복', '소소한 행복'이라는
멀쩡한 버스들을 모두 보내버린다.

불행한 사람은 '만약에'라는 단어를 자주 쓴다.

"만약 돈이 더 있다면"
"만약 그때 다른 선택을 했다면"
"만약 내가 더 예뻤다면"
만약은 현재를 훔치는 도둑이다.
과거에 발목 잡히고 미래에 발목 잡혀

정작 살아야 할 '지금'을 놓치고 만다.
만약을 지우고 '지금'을 써넣어보라.

행복해지고 싶은가?

진짜 행복은 남에게 말하지 않아도 얼굴에 드러난다.
가짜 행복은 SNS에 자주 올린다.
행복은 미래의 약속이 아니라 현재의 선택이다.
완벽한 조건을 기다리지 말고
불완전한 지금 당장 행복하라
'언제'는 영원히 오지 않는다.

지금 이 순간,
나는 행복하기로 마음먹었다.

매일 밥을 먹는다. 그리고 매일 사람들을 만난다. 입맛이 있든 없든 때가 되면 밥을 먹고, 원하든 원하지 않든 만날 사람들을 만나는 것. 그런데 문득 돌아보니 그토록 평범한 일상이 여간 비범한 게 아니었다. 인생의 쓴맛 단맛이 그 속에 늘 다 있었다.

- 함영, 『곰탕에 꽃 한 송이』 중에서

4장

새로운 전성기를 위해
해야 할 일

나의 환경이 나의 운명이다.

오늘도 똑같은 하루였다.

똑같은 사람들, 똑같은 대화, 똑같은 나.

거울 앞에 섰을 때, 나는 물었다.

"이것이 내가 꿈꾸던 내일인가?"

사람들은 말한다. "마음을 바꿔라."라고.

하지만 나는 이제 안다.

마음만으로는 삶이 바뀌지 않는다는 것을.

진짜 변화는 환경에서 시작된다.

"당신은 함께하는 다섯 사람의 평균이다."

나는 누구와 시간을 보내는가?

과거에 머문 이들인가, 미래로 걸어가는 이들인가?

환경이 나를 만든다.

내가 여는 문, 앉는 의자, 마주하는 풍경까지도.

결심은 허약하지만, 환경은 강력하다.

비로소 알았다.

운명을 바꾸려면 환경부터 바꿔야 한다는 것을.

새로운 만남, 새로운 공간, 새로운 시선.

그것이 새로운 나를 만든다.

환경이 행동을 만들고,

행동이 습관을 만들고,

습관이 인생을 만든다.

오늘, 나의 환경 혁명이 시작된다.

이제는 가면을 벗어도 좋다.

인생의 한가운데,
나는 처음으로 멈춰 섰다.

지나온 시간이 물결처럼 밀려온다.

누군가의 딸로, 아내로, 어머니로.
나는 끊임없이 '누군가'였다.

역할의 무대 위에서
완벽한 연기를 해냈다.

박수받기 위해, 인정받기 위해.
나는 나를 감추는 데 익숙해졌다.

그런데 문득,
정작 '나'는 어디에 있었을까?

타인의 기대라는 옷을 걸치고,
세상이 그려준 지도를 따라 걸으며,
나는 내 목소리를 잊어버렸다.

하지만 지금은 자유의 시작이다.
더 이상 증명할 것도,
맞춰야 할 기준도 없다는 깨달음.

이제는 가면을 벗어도 좋다.
남은 계절을
나를 위해 써도 좋다.

내 안의 목소리가 들린다.
"네가 되고 싶은 사람이 되렴."

그 목소리는 언제나 거기 있었다.
다만 내가 외면했을 뿐.

오늘부터 나는

진정한 나로 살아간다.

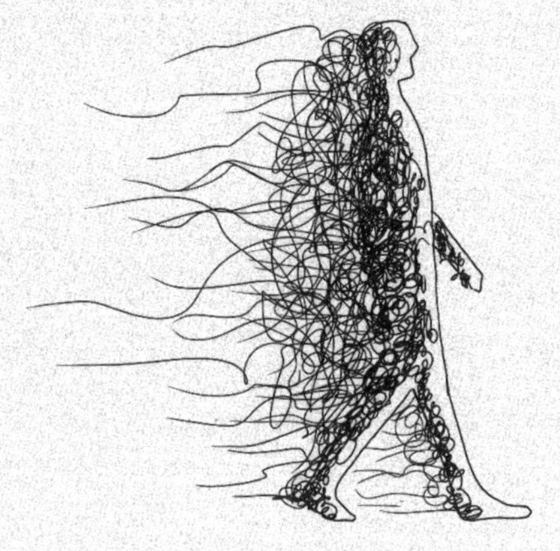

* * *

"어째서 우리는 자신의 마음에 귀를 기울여야 하는 거죠?"

"그대의 마음이 가는 곳에 그대의 보물이 있기 때문이지"

- 파울로 코엘료(Paulo Coelho, 소설가), 『연금술사』 중에서

가장 개인적인 것이 가장 창의적이다.

창의성이란
멀리서 찾을 것이 아니라
바로 내 삶 속에 있다는 것을.

내가 살아온 시간,
내가 겪은 실패,
내가 사랑했던 순간들.

이 모든 개인적인 경험이
세상 어디에도 없는
나만의 창의성이 된다.

나는 비로소
남의 시선에서 벗어나겠다.

이제 나는
진정 좋아하는 것에
온전히 몰입할 수 있다.

한 가지를 깊이 파고들어도 좋고,
새로운 것에 도전해도 좋다.
어느 쪽이든
나만의 방식이다.

나이가 들수록
우리는 실패를 두려워하지 않는
여유를 갖게 된다.

창의성은
화려하지 않아도 된다.

지금까지 쌓아온 경험, 깨달음,

상처까지도 모두 나의 것이다.

그것을 온전히 받아들일 때,

그것이 바로

가장 창의적인 삶이 된다.

이제, 나의 삶에 창조성을 끌어들일 때다.

그리고 천천히,

나만의 걸작을 만들어가면 된다.

다른 사람이 감히 생각지도 못하고 있을 때, 내가 해야 할 말과
해야 할 일들이 나에게 떠오른다. 이것은 천재성이 아니라 깊은
명상에서 비롯된 것이다.

- 필 박사(blog.naver.com/goodcjp)의 블로그에서 발췌

- 필 박사(blog.naver.com/goodcjp)의 블로그에서 발췌

나이 듦에 대한 고정관념을 태워버려라.

첫걸음을 내딛는 순간,
나이라는 감옥의 문이 열리기 시작할 것이다.

두 번째 걸음을 내디딜 때,
그 문턱을 넘어설 것이다.

그리고 세 번째 걸음을 내디딜 때,
자유로워질 것이다.

언제부터 나이를 변명으로 삼기 시작했을까?

어느 날 문득,
거울 앞에 서서 "이제 늦었어."라고 중얼거린다.

좋아하는 옷을 보고도
"이 나이에 저건 좀…" 하며 발걸음을 돌린다.

새로운 취미나 직업에 도전하고 싶다는 생각이 들 때,
“내 나이에 무슨…”이라는 말로 그 불꽃을 스스로 꺼버린다.

그런데 말이다.

뇌는 배움을 멈추지 않는다.
우리가 배움을 멈출 뿐이다.

세대 간 대화는 고정관념을 깨뜨린다.
젊은 세대와 교류하며
삶의 다양한 단계를 이해할 때,
나이의 경계는 사라진다.

나이는 단지 숫자일 뿐이다.
그러나 가능성은 무한하다.

오늘, 나는 _______________ 에 도전한다.
오늘, 나는 _______________ 을(를) 배운다.
오늘, 나는 _______________ 을(를) 시작한다.

이 빈칸을 채우는 순간,
당신은 이미 나이라는 고정관념을 태워버리고,
자신만의 불꽃을 다시 밝히기 시작한 것이다.

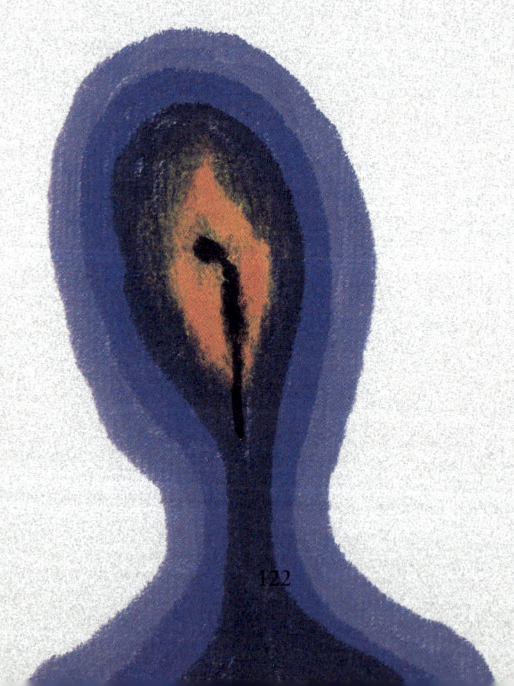

나이를 먹어 좋은 일이 많습니다. 조금 무뎌졌고 조금 더 너그러
워질 수 있으며 조금 더 기다릴 수 있습니다. 무엇보다 저 자신
에게 그렇습니다. 고통이 와도 언젠가는, 설사 조금 오래 걸려도
그것이 지나갈 것임을 알게 되었습니다.

- 공지영(소설가), 『빗방울처럼 나는 혼자였다』 중에서

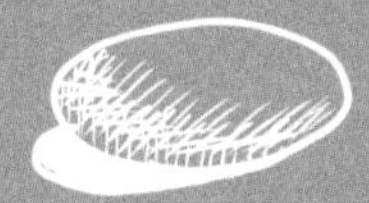

나의 불꽃은 꺼지지 않았다.

내 안에는 아직 불타오르지 않은 불꽃이 있다.

시간이 지나면서
그것은 잊혔고, 묻혔고, 무시되었을지 모른다.
하지만 그것은 여전히 거기에 있다.

오늘, 나는 그 불꽃을 다시 찾아보려 한다.

어린 시절의 꿈을 기억해 본다.
언젠가 해 보고 싶었던 것들의 목록을 만들어 본다.
그리고 그중 하나를 선택한다.

지금, 바로 시작한다.

나의 불꽃은 꺼지지 않았다.
단지 잠들어 있었을 뿐이다.

이제, 나는 그것을 다시 깨운다.

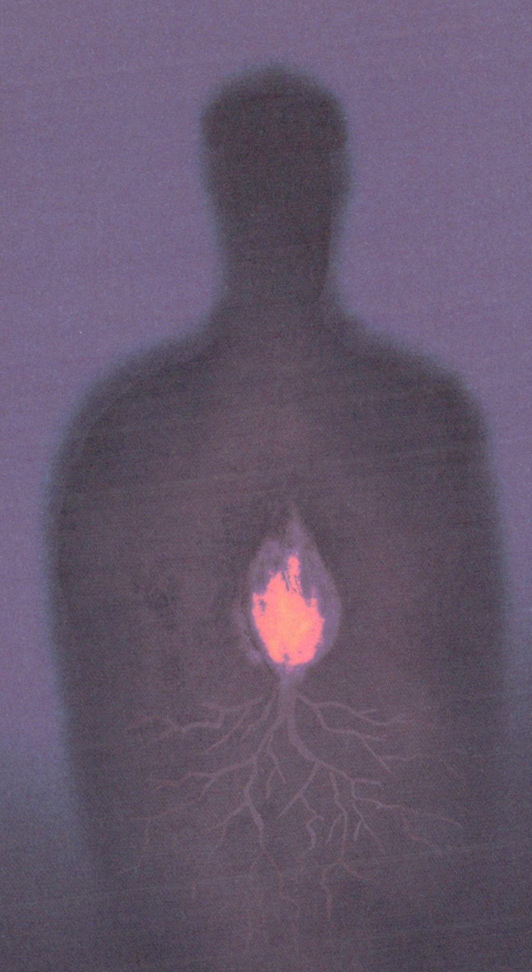

지금, 여기 온전히

아침, 눈을 뜨자마자 손은 핸드폰을 찾는다.
화면이 켜지고
나는 이미 어제와 내일 사이 어딘가에 있다.
침대에 누운 몸만 지금에 남겨둔 채로.

어느 날 나는 물었다.
"지금, 나는 어디에 있는가?"

대답은 침묵이었다.
나는 어디에도 없었다.
후회와 걱정 사이를 떠도는, 이름 없는 존재.

고요 속에 앉았다.
소음이 멈추자, 비로소 들렸다.
내가 진정 원하는 것, 두려워하는 것.

그 작은 속삭임들이 곧 나였다.

중요한 건 남은 시간이 아니다.
지금, 이 순간을 얼마나 깨어서 사는가이다.

진정한 삶은 언제나 지금에 있다.
어제도, 내일도 아닌, 바로 여기.

그러니 지금을 살아라.
온전히, 깨어서, 충만하게.

* * *

어제의 기억과 내일의 불안 사이에서, 우리는 종종 '지금'을 놓친다. 지금 평화와 기쁨을 누리지 못한다면, 언제 평화와 기쁨을 누릴 수 있을 것인가? 내일이나 그다음 날? 지금, 이 순간 내가 행복해지는 것을 방해하는 것은 무엇인가?

- 틱닛한(승려 · 작가), 『마음에는 평화, 얼굴에는 미소』 중에서

어제의 기억과 내일의 불안 사이에서, 우리는 종종 '지금'을 놓친다. 지금 평화와 기쁨을 누리지 못한다면, 언제 평화와 기쁨을

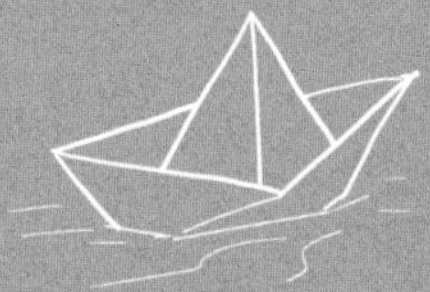

더 많이 할수록 더 많이 성공한다.

오늘도 나는 시도한다.

실패할지 모르지만, 그래도 한 번 더.

에디슨은 1,000번 넘게 실패했다.

하지만 그는 말했다.

"나는 실패한 것이 아니라

작동하지 않는 1,000가지 방법을 발견했을 뿐이다."

나도 마찬가지다.

단순히 시도하는 것에 그치지 않고,

각 실패로부터 배운 교훈을

다음 시도에 반영하며 나아간다.

매일 1%씩 성장하면 1년 후 37배가 된다.

작은 실천의 복리 효과[3]다.

---

3. 작은 습관의 복리 효과는 제임스 클리어(James Clear)의 책 『아주 작은 습관의 힘 (Atomic Habits)』에서 널리 알려진 개념이다. 클리어는 이 책에서 "1% 개선의 법 칙"(The 1% Rule) 또는 "1% 더 나아지기"(1% Better)라는 개념을 소개하며, 작은 습 관의 복리 효과를 설명했다. 수학적으로 매일 1%씩 성장한다면, 1년(365일) 후에

반대로 매일 1%씩 퇴보하면

거의 0에 가까워진다.

시도를 더 많이 할수록

실패도 많지만,

그만큼 성공도 가까워진다.

성공의 비밀은 단순하다.

더 많이 행동할수록,

더 많이 시도할수록,

성공은 가까워진다.

는 1.01365 = 약 37.8배, 반대로 매일 1%씩 퇴보한다면, 0.99365 = 약 0.03 (즉, 원래의 3%만 남음). 이 개념은 복리 효과의 수학적 원리를 인간의 습관과 성장에 적용한 것으로, 일상의 작은 선택과 행동이 시간이 지남에 따라 큰 차이를 만들어 낸다는 점을 강조한 것으로, 클리어는 이 개념을 통해 급진적인 변화보다는 작지만, 지속적인 개선의 중요성을 설명한다.

나는 나의 가능성을 믿는다.

내 안에 무한한 가능성이 숨 쉰다.
믿는 만큼 나는 성장하고,
의심하는 만큼 나는 멈춘다.
나는 믿음을 선택한다.

조용한 아침, 노트를 펼친다.
"나는 나에게 _____을(를) 허락한다."

그 빈칸에 꿈을 채울 때,
열정이 숨을 틔울 때,
용기가 첫걸음을 내디딜 때,
변화는 이미 시작되었다.

거창한 선언이 아니어도 괜찮다.
매일 15분, 오롯이 나를 위한 시간.
그 시간을 지킨다.

작은 씨앗이 시간의 강을 건너
울창한 숲이 되듯,
나는 그 과정을 믿는다.

실패는 도전의 증거,
성장의 언어이다.
넘어질 때마다 배운다.

"나는 지금, 성장하고 있다."

오늘, 지금, 이 순간.
쌓아온 경험과 지혜가
발견할 가능성과 만나는 곳.

나의 진정한 여정은
바로 지금, 여기서 시작된다.

디지털 공간에서 다시 핀다.

사이버공간은 이제 또 하나의 지구다.

용기를 내어 디지털 세계로 걸음을 내디뎠다.

클릭 한 번에 새로운 세상이 열렸다.

서툴렀지만, 괜찮았다.

이곳은 나이를 묻지 않는다.

학벌도, 지위도 묻지 않는다.

오직 진정성을 묻는다.

한때 시들어간다고 생각했던 나였다.

그런데 이곳에서 다시 피어난다.

수십 년 쌓아온 이야기와 지혜가,

디지털 공간에서 새로운 꽃이 된다.

누군가에겐 위로가, 누군가에겐 길잡이가 된다.

이곳에는 새로운 문법이 있다.

권위보다 '공감'이,
독점보다 '나눔'이,
경쟁보다 '함께'가 더 아름답다.

나는 사이버공간의 무한함과
사람의 온기를 동시에 품는다.

디지털 공간에 손을 내밀 때,
나는 다시 피어난다.

경계를 넘고, 사람을 만나고, 의미를 나누며,
두 개의 지구를 오간다.

이것은 선물이다.

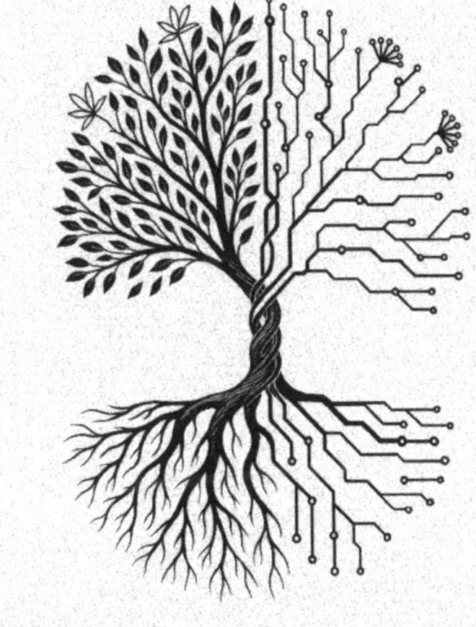

디지털 지구에서, 나는 다시 핀다.

이십 년 후의 내가, 오십의 나에게

거울 앞, 너의 눈빛.

"너무 늦은 건 아닐까?"
"이제 와서 무슨 소용일까?"

하는 그 망설임을 나는 안다.

예전 같지 않은 체력,
부담스러운 주변의 시선,
손가락 사이로 빠져나가는 시간.

그 모든 두려움을 안다.

하지만 이십 년 후의 내가,
지금의 너에게 말한다.

해는 지는 게 아니라 다시 뜨는 것.

늦었다고 생각한 그 순간이
가장 빠른 시작이었다고.

그때, 시작했기에
지금의 내가 있다.

오십 대.
내 인생 가장 빛나는 전환점이었다.

지금 네 가슴에 타오르는 작은 불꽃,
그것은 씨앗이다.

피어나지 않은 꽃,
노래하지 않은 선율,
쓰이지 않은 시.

오십 대는 끝이 아니라
씨 뿌리는 계절.
가장 풍성한 수확을 약속하는 봄.

인생에 너무 늦을 때란 없다.
열정을 발견하고 그것을 따를 용기만 있다면,
너의 전성기는 언제든 시작된다.

작게 시작해도 좋다.
서툴러도 괜찮다.
한 걸음이면 충분하다.

그 한 걸음이 길이 되고,
그 길이 인생이 된다.

미루지 마라.

네가 오늘 심을 씨앗이 나를 꽃피웠으니.
네가 오늘 내딛는 그 한 걸음이
나의 가장 아름다운 길이 되었으니.

시작하라.

바로 지금, 이 순간을.

그리하여 이십 년 후,

"그때 시작하길 참 잘했다."라고

웃으며 말할 수 있기를.

- 이십 년 후의 나

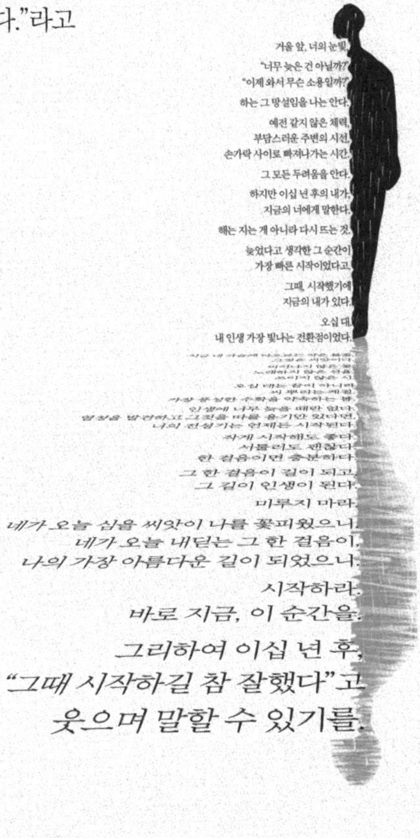

5장

인생을 바꾸는 만남은
계속된다.

가장 소중한 인연은
계획하지 않았던 순간에 찾아온다.

인맥을 위해 명함을 준비하지 않는다.
그저 호기심이 이끄는 곳으로 발걸음을 옮긴다.

가장 중요한 인연은 종종
계획된 자리가 아니라,
무심코 들른 장소에서 만난다.

인생의 가장 아름다운 만남은
언제나 예고 없이 찾아온다.

우연을 부를 수는 없다.
하지만 우연이 찾아올 가능성은 높일 수 있다.

첫째, 익숙함을 벗어나는 용기.
둘째, 진정한 호기심.
셋째, 먼저 베푸는 마음.

지금은 안이 아니라 밖을 내다볼 때다.
그리고 그 바깥세상에서 기다리고 있을
소중한 우연의 만남을 환영할 때다.

* * *

진정한 인연이라면 최선을 다해서 좋은 인연을 맺도록 노력하고, 스쳐가는 인연이라면 무심코 지나쳐 버려야 한다. (중략) 수많은 사람들과 접촉하며 살아가는 우리지만 인간적인 필요에서 함께 살아가는 사람들은 주위에 몇몇 사람들에 불과하고, 그들만이라도 진실한 인연을 맺어놓으면 좋은 삶을 마련하는 데는 부족함이 없다.

- 법정 스님 말씀 중에서

혼자 빛나는 별은 없다.

별들은 모두 다른 별의 빛을 받아서
그 빛을 다시 반사해서 빛나는 것이다.

밤하늘을 보라.

수많은 별이
서로에게 빛을 건네며 우주를 밝힌다.

혼자서는 어둠 속에 묻힐 작은 빛이
함께 모이면 은하수가 된다.

사람도 그렇다.

누군가의 말이 나를 일으켜 세우고,
믿어주는 눈빛이 용기를 주고,
건네받은 위로가 마음을 환하게 한다.

나를 빛나게 할 이를 만나고 싶다.
그 빛으로 더 찬란히 빛나고 싶다.
나도 누군가의 별이 되고 싶다.

혼자 빛나는 사람은 없다.

우리는 서로의 빛이다.

낯선 사람과 만남이 내 인생을 풍요롭게 한다.

진짜 변화는
낯선 곳에서 시작된다.

나는 오래도록 단단한 관계만을 쌓아왔다.
오래 알아 온 사람들, 믿을 수 있는 사람들.
그들이 내 세상의 전부였다.

하지만 친밀한 사람들은
나와 비슷한 세계 안에 머문다.

낯선 사람과 약한 연결은 다르다.

그들은 다른 언어를 쓰고,
다른 꿈을 꾼다.

바로 그 '다름' 속에서
나는 새로운 나를 발견한다.

마음 한편이 속삭인다.

이제 새로운 사람을 만나기엔 늦었다고.

하지만 진실은 그 반대다.

지금이야말로 낯선 만남이 빛나는 시간이다.

쌓아온 경험이 있기에

낯선 만남을 깊이 받아들일 수 있고,

그 속에서 진짜 기회를 알아본다.

단 한 번의 연락.

단 한 번의 만남.

단 한 번의 대화.

그것이 내 인생을 완전히 바꿀

시작점이 될 수 있다.

나는, 낯선 만남이 열어줄
문 앞에 서 있다.

두드려 보자, 낯선 그 문을.
한 번의 용기가
나를 기다리던 새로운 전성기로 이어질 것이다.

* * *

그동안 참으로 많은 사람을 만났다. 그들은 예상치도 못한 순간
에 내게 큰 도움을 주었다. 그러나 그들을 자주 만나지는 못한다.
어떤 결과가 나올지 도무지 짐작할 수 없는 룰렛 같다.

- 앤터니 볼(남아프리카공화국 사모펀드 업체 중역)

그동안 참으로 많은 사람을 만났다. 그들은 예상치도 못한 순간
에 내게 큰 도움을 주었다. 그러나 그들을 자주 만나지는 못한다.
어떤 결과가 나올지 도무지 짐작할 수 없는 룰렛 같다.

이익의 절반을 돌려주는 메밀국수 집 사장님

내가 자주 가는 메밀국수 집 사장님의 이야기다.
"계산해 보면 이익을 30%는 남길 수 있어요.
근데 전 딱 반만 가져가요."

어느 날 그가 조용히 말했다.
"나머지 15%요? 다시 돌려드리는 거예요.
더 좋은 재료로, 더 편한 환경으로."

그의 말은 진심이었다.
국내산 제주 메밀가루만 고집했다. 수입산보다 세 배나 비쌌다.
육수는 국산 멸치와 다시마를 밤새 정성껏 우려냈다.
화학조미료는 단 한 번도 쓰지 않았다.
소화가 잘되도록 국수는 가장 적절한 순간에만 건져냈다.

편백 테이블, 깨끗한 공기, 화장실의 정갈한 비품들.

"편하고 건강하게 드셨으면 해요. 그게 진짜 제 이익이거든요."

처음은 빠듯했다.

하지만 사람들은 정확히 알아챘다.

"여기는 뭔가 다르다."
"재료가 확실히 좋다."
"먹고 나면 속이 편해."

입소문은 천천히, 그러나 확실하게 퍼져나갔다.
단골이 늘었고, 가게는 번창했다.

이익의 반을 내려놓으니 더 큰 것이 돌아왔다.
남을 먼저 생각하는 마음이 결국 나를 살렸다.

진짜 풍요로움은 많이 가지는 데 있지 않았다.
기꺼이 나누는 데 있었다.

작은 메밀국수 집 사장님이
매일 아침 육수를 우리며 증명하는 삶의 진리다.

너도 좋고 나도 좋은 관계

다른 사람들과 함께 사는 것,
그리 쉬운 일은 아니다.

나만 좋고 너는 좋지 않은 관계,
나는 좋지 않고 너만 좋은 관계.
이런 관계는 오래가지 못한다.

나만 좋으면 상대방이 싫어하고,
나는 좋지 않으면 내 마음에 억울함이 쌓인다.

우리는 양보 잘하고 사양하며
다른 사람을 늘 챙기는 사람을
자비로운 사람이라 생각한다.

그러나 그런 삶을 사는 많은 사람은
착한 아이 콤플렉스[4]에 걸린 사람들이다.

---

4. 착한 아이 콤플렉스(Nice person syndrome, People-pleaser syndrome)는 자신의

자기 인생을 억울하게 살아가는 것이다.

너도 좋고 나도 좋은 관계.

이것은 단순한 이상이 아니라,

우리가 실천해야 할 구체적인 삶의 방식이다.

자신을 존중하면서도

타인을 배려하는 것.

자신의 필요를 충족시키면서도

타인의 필요에 응답하는 것.

욕구나 감정을 억누르고 타인의 기대와 요구에 지나치게 순응하는 심리적 패턴
이다. 어린 시절 부모나 주변 환경으로부터 인정과 사랑을 받기 위해 '착한 아이'
로 행동하는 것이 습관화되어 성인이 된 후에도 지속되는 경향이 있다. 이는 겉으
로는 이타적으로 보이지만, 실제로는 거절에 대한 두려움, 갈등 회피, 낮은 자존
감에서 비롯된 경우가 많다. 자신의 진정한 욕구를 무시하고 타인의 기대에만 부
응하려는 이러한 패턴은 장기적으로 분노, 원망, 소진, 우울감 등의 심리적 문제
를 초래할 수 있다.

자신의 한계를 인정하면서도
타인의 한계를 이해하는 것.

이제는
상대도 나도 행복해지는 관계를 실천할 때다.

자신의 한계를 인정하면서도

* * *

서로 다른 점을 각자의 타고난 개성으로 인정하지 않고 '틀린 점'으로 취급하는 순간, 상처가 자리 잡기 시작한다. 처음 만났을 때의 마음처럼 '다르다'를 '다르다'로 기쁘게 인정하자. 세월이 흘러 '다르다'가 '틀리다'로 느껴진다면 이전보다 꼭 두 배만 배려하는 마음을 갖자.

– 최일도(목사 · 시인), 『참으로 소중하기에… 조금씩 놓아주기』 중에서

* * *

서로 다른 점을 각자의 타고난 개성으로 인정하지 않고 '틀린 점'으로 취급하는 순간, 상처가 자리 잡기 시작한다. 처음 만났을 때의 마음처럼 '다르다'를 '다르다'로 기쁘게 인정하자. 세월이 흘러 '다르다'가 '틀리다'로 느껴진다면 이전보다 꼭 두 배만 배

편안하고 자연스러운 관계

물은 흐른다.

막으려 하면 넘치고,
담으려 하면 새어 나간다.
흐르게 두면 저절로 길을 찾아간다.

감나무는 묻지 않는다.

누가 열매를 가져가든,
누가 그늘에 앉든.
그냥 거기 있을 뿐이다.

계절이 오면 꽃 피우고,
계절이 가면 잎을 떨군다.
아무것도 요구하지 않는다.

관계도 그렇게 흐른다.

재려 하면 무거워지고,
쌓으려 하면 무너진다.
그냥 함께 있으면 저절로 깊어진다.

침묵은 말보다 많은 것을 전한다.
설명하지 않아도 통하고,
증명하지 않아도 믿어진다.

편안함은 노력으로 만들어지지 않는다.
저절로 흐르는 것이다.
물처럼, 감나무처럼.

진짜 관계는 강물처럼 흐른다.
붙잡지 않아도, 만들지 않아도,
그저 흐르다 머문다.

물은 흐르고,
감나무는 묻지 않는다.

그것이 편안함이다.
그것이 자연스러움이다.
그것이 관계다.

너무 잘하려고 하지 마.

나는 요즘 가장 많이 하는 말이 있다.
"너무 잘하려고 하지 마."

이 말을 하게 된 건,
너무 잘하려다가 오히려 망가지는 걸 봐왔기 때문이다.

운동을 너무 잘하려다 무릎이 상하고,
투자의 타이밍만 기다리다 기회를 놓치고,
더 나은 사람을 찾다가 사랑을 잃는다.
좋은 모습만 보이려다 친구를 멀어지게 만든다.

너무 잘하려는 마음은
정작 잘되는 것을 방해한다.

운동도, 투자도, 사랑도, 친구도
지속 가능해야 오래간다.

오늘 삼십 분만 걷고 내일 또 운동하고,

작은 손실을 받아들여야 큰 실패를 피하고,

서툰 모습을 보여야 진짜 사랑을 얻는다.

완벽하지 않은 나를 보여야 친구도 편안해진다.

너무 잘하려고 하지 마.

그래야 오래갈 수 있다.

나는 오늘도 말한다.

"너무 잘하려고 하지 마."

꾸준히 하는 것,

그것이 가장 잘하는 것이다.

실수와 불행은 자기 능력보다 120% 해내려는 데서 시작한다. 우리에게는 80%의 능력 발휘를 목표로 세울 수 있는 용기가 필요하다. 120에 도달하지 못했을 때의 절망감, 80 이상 해냈을 때의 뿌듯함, 그다음에 이어질 자신감은 어느 선택에서 커질까.

- 크리스티네 바이너(Christine Weiner, 작가) ·
카롤라 쿠퍼(Carola Kupfer, 작가), 『삐삐의 법칙』 중에서

오십 그리고 사람

오십은 인생의 정오다.

절반을 살았다는 깨달음과
아직 절반이 남았다는 희망 사이,
나는 비로소 선택한다.

더는 의무로 만나지 않는다.
더는 체면으로 견디지 않는다.
더는 관성으로 흘러가지 않는다.

시간의 무게를 아는 지금,
나는 온전히 만나고
진심으로 머문다.

나에게 필요한 사람은

진실로 나를 깨우는 거울,

있는 그대로를 받아주는 안식,

새로운 세계를 여는 창,

그리고 함께 길을 걷는 동반자.

오십의 나는 묻는다.

누구와 남은 인생을 나눌 것인가?

그 답을 찾아가는 오늘이

진짜 나의 오십이다.

* * *

중국의 현자가 물었다. "학문이 무엇입니까?" 그러자 이렇게 대답했다. "사람을 아는 일이다." 또다시 질문했다. "선(善)은 무엇입니까?" 현자는 말했다. "사람을 사랑하는 일이다."

- 레프 톨스토이(Leo Tolstoy, 작가), 『살아갈 날들을 위한 공부』 중에서

중국의 현자가 물었다. "학문이 무엇입니까?" 그러자 이렇게 대답했다. "사람을 아는 일이다." 또다시 질문했다. "선(善)은 무엇

善

완벽함보다 진정성이 더 아름답더라.

썩지 않는 씨앗은 꽃을 피울 수 없다.
완벽함이라는 옷을 입은 채로는 꽃이 될 수 없다.

살아보니,
완벽함보다 진정성이 더 아름답더라.

가장 낮은 곳에 선 이에게서 가장 높은 꿈이 자라고,
기꺼이 자신을 내어준 씨앗이 꽃밭의 별이 된다.

변화를 두려워하는 마음은 봄을 거부하는 것이고,
완벽함만을 고집하는 것은 성장을 멈추는 것이다.

겸손해진 마음에서 지혜가 싹트고,
무너질 줄 아는 용기가 새로운 세상을 연다.

단단함을 내려놓은 자리에서 진짜 나를 만나고,
변화를 받아들인 그 순간, 꽃은 조용히 피어난다.

오늘,

나의   완벽함 을 조금 내려 놓아본다.

내가 잘해 준다고 친구가 되는 것은 아니더라.

친구를 진심으로 아꼈다.

그가 힘들 때 곁에 있었고,

밤늦게 울음 섞인 목소리로 전화가 오면 달려갔고,

그의 아픔을 내 아픔처럼 안았다.

그런데 이상했다.

내게 좋은 일이 생겼을 때,

그는 진심으로 기뻐하지 않았다.

축하한다는 말은 했지만,

그의 눈은 다른 곳을 향했다.

어쩌면 내 기쁨이 그에게는 자신의 부족함을 비추는

거울처럼 느껴졌을지도 모른다.

그렇게 그는 내 슬픔 옆에는 설 수 있었지만,

내 기쁨 옆에는 설 수 없었다.

그때 나는 뒤늦게 깨달았다.

친구란
슬프고 아프고 어려울 때 도와주는 것보다,
기쁠 때 진심으로 기뻐해 주는 사람이라는 것을.

슬픔은 나눌 수 있어도,
기쁨을 나누는 것은 훨씬 더 어렵다는 것을.

내가 잘해 준다고 친구가 되는 것은 아니더라.
내 기쁨을 진심으로 함께 기뻐해 줄 친구는 잘 없더라.

이제 생각한다.
기쁨을 나누는 친구 한 명만 있어도 행복하다는 것을.

이제야 알겠다.
아들이, 딸이 가장 친한 친구가 될 수 있는 것을.
내가 기쁠 때 그들은 진심으로 기뻐하고,
내가 빛날 때 그들도 함께 빛난다는 것을.

나와의 관계

모든 관계의 중심에는 내가 있다.
그토록 찾아 헤맸던 답이
결국, 나였다는 것을, 이제야 안다.

타인을 사랑하기 전에
나를 먼저 이해해야 한다.

내가 나를 얼마나 깊이 들여다보는가가
모든 관계의 온도를 결정한다.

나 자신과 화해하지 못한 채
누군가와 온전히 마주하기는 어렵다.

내면의 목소리를 알아차리고,
불안한 감정을 받아들이며,
나에게 자비를 베푸는 법을 천천히 배워간다.

내가 나에게 친절할수록

타인에게도 더 따뜻해질 수 있었다.

매일 아침 거울 앞에서 마주하는 작은 실천이다.

늦었다고 생각할 때가 가장 빠를 때라 했다.

나는 관계의 정원을 다시 가꾸기 시작했다.

시든 것은 정리하고, 살아있는 것은 정성껏 키운다.

그 모든 관계의 중심에

나 자신과 평화로운 관계를 놓았다.

6장

새로운 전성기는 이제
시작된다.

어떤 꽃은 봄에 피지 않는다.

남들이 환하게 꽃망울을 터뜨릴 때,
그 꽃은 아직 땅속에 있다.

더 깊은 곳으로 뿌리를 내리고,
더 단단한 줄기를 만들며,
천천히 자신만의 시간을 산다.

* *

늦게 핀 꽃은 세 가지 향기가 있다.

먼저, 창의적인 시선이다.

당연한 것에 물음표를 던지고,
평범한 순간에서 특별함을 발견한다.
세상이 그어놓은 선을 따르다가,
어느 순간 자신만의 길을 긋는다.

그리고, 꺾이지 않는 끈기다.

넘어져도 일어서고,

다시 넘어져도 또 일어선다.

실패는 끝이 아니라 또 다른 시작이고,

좌절은 방향을 바꾸라는 신호다.

마지막으로, 흔들리지 않는 진정성이다.

유행을 좇지 않고,

내면의 목소리에 귀 기울인다.

천천히, 그러나 깊이.

자신의 속도를 지킨다.

* *

지금까지의 모든 순간이 준비였다.

경험도, 실패도, 방황도, 좌절도.

그 모든 것이 당신을 빛나게 할 씨앗이었다.

당신이 지금 느리다고 생각한다면,
그건 착각이다.

당신은 지금,
가장 아름다운 꽃을 피울 준비를 하고 있다.

가장 깊은 뿌리에서,
가장 진한 향기로.
오직 당신만의 향기로.

그러니 서두르지 마라.
당신만의 속도로,
당신만의 계절에 피어나라.

오직 당신만의,
세상 어디에도 없는 향기로.

* * *

- 세상의 어떤 것도 끈기를 대신할 수는 없다.

- 재능도 별것 없다. 아무리 재능이 있어도 성공하지 못한 남자
  들이 세상에 많다.

- 천재도 별것 없다. 천재들이 실력을 보상받지 못하는 경우가
  부지기수다.

- 교육도 별것 없다. 세상에는 교육받은 부랑자들로 넘쳐난다.

- 하지만 끈기와 결단력은 전능한 힘을 가졌다.

– 맥도날드 임원실 책상 위 문구

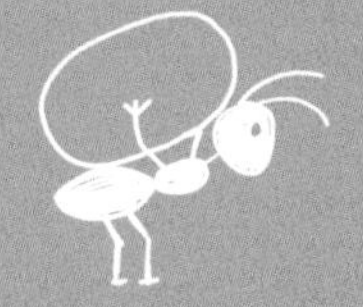

181

모든 것을 잃고도 다시 피는 당신

당신은 정상에 있었다.
세상이 당신을 불렀고,
성공은 눈부셨다.

그런데 어느 날,
모든 것이 무너졌다.
시선이 차갑고,
어둠이 깊었다.

"이제 끝이야."

아니다.

쓰러진 그 자리에서,
천천히 일어섰다.

호기심은 여전히 빛났고,
배움의 갈증은 식지 않았다.

사람들이 불가능하다고 말할 때,
당신은 묵묵히 걸었다.

한 걸음.
또 한 걸음.

실패는 끝이 아니었다.
새로운 시작이었다.

당신이 증명한다.

인생은 한 번의 좌절로
끝나지 않는다는 것을.

다시 시작할 용기만 있다면,
언제든 꽃은 핀다는 것을.

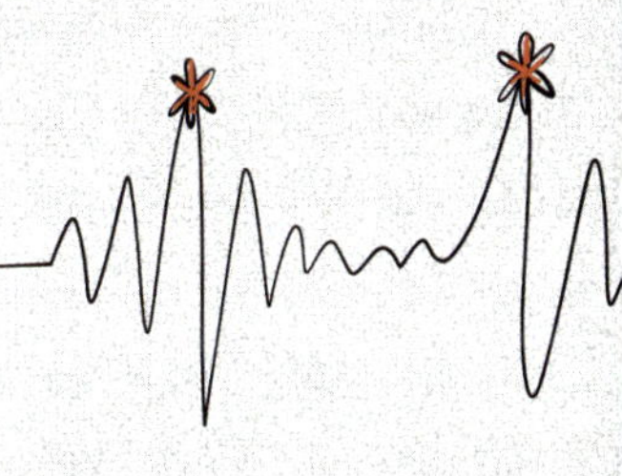

당신의 이야기는,
지금도 계속된다.

오십, 나만의 비전

청춘은 열정으로 달렸다.
중년은 책임으로 버텼다.

"이제 무엇을 위해 살 것인가?"

전반부는 남의 기대를 좇았다.
후반부는 내 목소리를 들을 차례다.

불안한가?
불안은 자유의 다른 이름이다.

정해진 길이 없다는 것은
원하는 곳 어디든 갈 수 있다는 뜻이다.

실패도 괜찮다.
하나의 문이 닫히면 다른 문이 열린다.

나의 존재 그 자체가
하나의 업적이 된다.

여기서 찾은 것,
나만의 길을 걷는 용기.

그것이 나만의 비전이다.

이제야 비로소 무르익는 시간

비로소
진짜 하고 싶은 일을 만났다.

"너무 늦었어."
서툰 손, 의심의 눈빛.

그러나 매일 아침,
그 일 앞에 섰다.
넘어지고, 실수하고,
다시 일어섰다.

사랑했기에.

진심 앞에서
나이도, 두려움도, 시선도
핑계가 될 수 없었다.

십 년 후,

서툰 손은
명인의 손이 될 것이고,

사랑했던 그 일은
세상을 바꿀 것이다.

늦은 게 아니다.
이제야 무르익는 것이다.

당신 안에 쌓인
모든 경험과 지혜가
이제야 빛날 준비를 마쳤다.

두려워하지 말고 시작하라.
진심으로 사랑하는 일을.

진정한 일은 세상에 남기는 사랑의 표현이다.

"즐겁지 않게 빵을 굽는다면,
그것은 쓴 빵이 된다."
칼릴 지브란의 말이다.

시간에 쫓겨 출근하고,
주어진 일을 처리하고,
월급날을 기다렸다.

내가 구운 빵은 어떤 맛이었을까?.

이제 나는 따뜻한 빵을 굽는다.
생계가 아닌, 사랑을 담은 빵을.
의무가 아닌, 기쁨으로 빚은 빵을.

이제 나는 충분히 익었다.

진정한 일은

노동이 아닌,

세상에 남기는 사랑의 표현이어야 한다.

진정한 베풂은
내게 필요한 무언가를 내어주는 용기다.

진정한 베풂은 넘치는 것에서 나오지 않는다.
내게 꼭 필요한 무언가를 내어주는 용기다.

"누군가에게 미소 짓기만 해도 베푸는 사람이 될 수 있다."
마야 안젤루의 말처럼, 베풂은 거창하지 않다.

나의 시간, 나의 마음, 나의 경험을 나누는 것.
그것이 베풂이다.

흔들리던 내가 다른 이를 위해 섰을 때,
오히려 나는 단단해졌다.

베풂은
비워짐이 아니라
충만해지는 과정이었다.

자연이 끊임없이 베풀며 순환하듯,
나의 나눔도 그렇게 흐른다.

나에게는 충분한 경험이 있다.

흔들렸던 순간들, 부족했던 시절들.

그렇기에 나의 베풂은 더 깊고 진실하다.

나눌수록

나는 유한한 삶 속에서

무한한 가치를 창조하는 존재가 된다.

이것이 나의 전성기다.

성공의 의미를 다시 쓴다.

젊은 날, 나는 성공을 숫자로 셌다.
명함 속 직함, 통장의 쉼표, 사람들의 시선.
그것들이 성공의 전부라 믿었다.

진정한 성공이란

내가 살다 간 자리에
작은 온기를 남기는 것이다.
내가 숨 쉬었던 이 세상이
조금이라도 더 따뜻해지는 것이다.

그제야 알았다.
성공은 얼마나 많이 가졌느냐가 아니라,
얼마나 따뜻하게 나누었느냐에 있다는 것을.

이제 남들의 기준으로 나를 재지 않는다.

타인의 시선도,
사회의 잣대도 고요히 내려놓았다.

"나는 누군가의 삶에 따뜻한 빛이 되었는가?"

내가, 이 세상에 잠시 머물렀다는 이유만으로,
누군가의 숨이 조금 더 편해졌다면,
누군가의 마음이 조금 더 가벼워졌다면,
그것이 나의 성공이다.

내가 행복해야 타인을 행복하게 할 수 있다.

'나중'은 결코 저절로 오지 않는다.

자기 배려는 바로 지금,
이 순간에서 시작된다.

오늘, 나는 처음으로
내 목소리에 귀 기울였다.

"지금 나에게 필요한 것은 무엇인가?"
조용히 물었고, 솔직하게 답했다.

휴식이 필요하면 쉬었다.
혼자만의 시간이 필요하면
그 시간을 가졌다.

타인의 기대보다
내 마음의 소리를 먼저 들었다.

내가 먼저 행복해야
타인도 행복하게 할 수 있다.

빈 컵에서는 물을 따를 수 없듯,
먼저 나를 채워야
누군가에게 따뜻함을 건넬 수 있다.

자기 배려는 물과 같다.
부드럽지만 강하고,
고요하지만 깊다.

물처럼 나를 먼저 채우면
그 충만함이 자연스레 넘쳐
타인에게 흘러간다.

자기 배려를 실천할 때
인생의 작은 기쁨들이
비로소 빛난다.

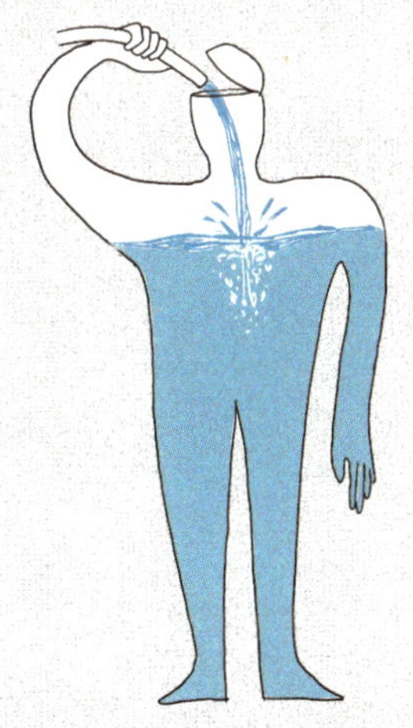

* * *

타인의 행복을 위해 자기 삶을 희생해서는 안 됩니다. 탄탄하고
오래 지속되는 참된 사랑은 자기 자신의 행복과 타인의 행복을
동시에 추구하는 사랑입니다. 우리는 함께 행복해야 합니다.

- 엠마뉘엘(Soeur Emmanuelle, 수녀),
『나는 100살, 당신에게 할 말이 있어요』 중에서

* * *

타인의 행복을 위해 자기 삶을 희생해서는 안 됩니다. 탄탄하고
오래 지속되는 참된 사랑은 자기 자신의 행복과 타인의 행복을

- 엠마뉘엘(Soeur Emmanuelle, 수녀),

나이 듦 속의 젊음

나이가 한계일 수는 없다.

우리는 나이 듦을 두려워한다.
마치 절벽 앞에 선 것처럼.

하지만 용기 내어 한 걸음 다가서면,
그곳엔 아무도 보지 못한
새로운 풍경이 활짝 펼쳐진다.

젊음이란 무엇일까?
탄력 있는 피부도, 빠른 걸음도 아니다.

진짜 젊음은
새로운 것에 설레는 호기심이고,
낯선 이에게 먼저 건네는 미소이며,
어제와 다른 오늘을 기꺼이 시도하는 열린 마음이다.

호기심, 즐거움, 웃음, 독창성, 도전하는 용기.

이 모든 빛나는 속성들은
나이와 무관하게
내 영혼 깊은 곳에서
오히려 더 선명하게 빛난다.

나이 듦은
젊음을 잃는 과정이 아니다.
젊음의 본질을 더 깊이 이해하고,
더 자유롭게 살아내는 시간이다.

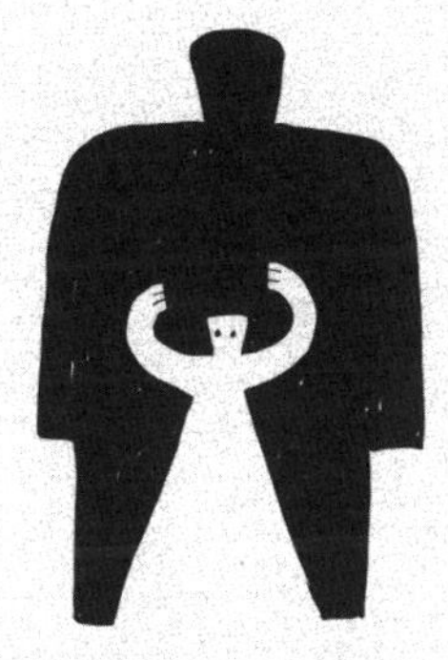

오십 즈음에

오십 즈음에
우리는 조심스럽게 묻는다.

이제 늦은 것은 아닐까?
흘러간 시간은 너무 많고,
남은 시간은 너무 적은 것은 아닐까?

늦음이란
시작하지 않기로 결심하는 순간에만
현실이 된다.

중요한 것은
지금, 이 순간
당신의 가슴이 무엇을 향해 뛰고 있느냐다.

오십은 내려놓는 때가 아니다.
지혜롭게 선택하는 때다.

젊음의 조급함 대신 경험의 담대함을,

타인의 기대 대신 내 안의 열망을,

의무 대신 꿈을

이제는 당당히 선택한다.

시작을 주저하게 만드는 것은

나이가 아니라 용기의 부족이다.

오십 즈음에,

당신만의 진짜 전성기가 시작된다.

오십, 깊이와 넓이 사이

오십은 깊이와 넓이가 공존하는 시간이다.

삶의 경험이 쌓여
더 깊은 통찰을 갖게 되고,
다양한 경험을 통해
더 넓은 시야로 세상을 바라보게 된다.

이 깊이와 넓이는 관계에서도 나타난다.

오랜 시간 함께한 이들과의 관계는 더 깊어지고,
새로운 만남을 통해 세계는 계속 확장된다.

무엇보다 오십은
자신과의 관계가 깊어지는 시간이다.

자신의 한계와 가능성을 더 명확히 알게 되고,
그 안에서 평화를 찾아간다.

완벽하지 않은 자신을 받아들이면서도

성장을 멈추지 않는 균형점을 찾아가는 여정이다.

느리지만 깊게, 늦지만 아름답게

어떤 꽃은 늦게 핀다.
봄이 지나, 여름이 가고,
가을 끝에서야 꽃잎을 연다.

세상은 빠름을 재촉하지만
아름다움은 다른 속도로 온다.

우리는 때로 길을 잃는다.
그러나 그 모든 순간이
우리만의 빛이 된다.

실패는 두렵지 않다.
그것은 우리를 깊게 만든다.

느리게 익은 열매가 더 달고
늦게 핀 꽃이 더 아름답다.

당신의 시간을 믿어라.
당신의 꽃은 지금, 피어난다.

느리지만 깊게, 늦지만 아름답게.

7장

나는 오십에 스무 살로
살기로 했다.

나는 오십에 스무 살로 살기로 했다.

그해,

나는 오래 잠겨 있던 서랍을 열었다.

그 안에서 '재미'라는 단어를 꺼냈다.

젊은 날, 재미는 자극이었다.

새로움이었고, 어딘가로 떠나는 것이었다.

재미없으면 피했고, 흥미로우면 달려갔다.

서른과 마흔 사이 어디쯤,

재미는 사라졌다.

명예, 책임, 성취, 안정,

묵직한 단어들이 삶을 채우는 동안

재미는 '언젠가'라는 서랍 깊숙이 밀려났다.

나는 그것이 어른이 되는 과정이라 믿었다.

그런다고 몸이 먼저 알았다.

이대로는 견딜 수 없다고.

그래서 나는 서랍을 다시 열었다.

젊은 날엔 재미를 위해 책임을 피했지만,
이제는 책임 속에서도 재미를 발견한다.
이것을 나는 '재미있게 견디기'라 부른다.

지금의 재미는 다르다.
받아들임에서 오는 평화다.
'더 많이'가 아닌, '더 깊이'다.
새로운 것을 찾는 게 아니라
익숙한 것을 새로운 눈으로 바라보는 능력이다.

내 안에는 여전히 철들지 않은 소년이 산다.
그 소년에게 재미를 찾아주는 것,
어른이 된 내가 소년에게 줄 수 있는
가장 다정한 선물이다.

"나이 들어 보세요, 재미있어요."

지금, 자신에게 맞는 재미를 찾는 것,
그것이 진정 나이답게 익어가는 일이다.

* * *

난 3살이기도 하고, 5살이기도 하고, 37살이기도 하고, 50살이기도 해. 어린애가 되는 것이 적절할 때는 어린애인 게 즐거워. 또 현명한 어른이 되는 것이 적절할 때는 현명한 어른인 것이 기쁘네. 어떤 나이든 될 수 있다는 것을 생각해 보라고!

- 미치 앨봄(Mitchell D. Albom, 작가), 『모리와 함께한 화요일』 중에서

난 3살이기도 하고, 5살이기도 하고, 37살이기도 하고, 50살이기도 해. 어린애가 되는 것이 적절할 때는 어린애인 게 즐거워. 또 현명한 어른이 되는 것이 적절할 때는 현명한 어른인 것이 기쁘네. 어떤 나이든 될 수 있다는 것을 생각해 보라고!

이제 서로 좋은 사랑을 하고 싶다.

서로 사랑한다는 것은
물 위를 걷는 일만큼 조심스럽다.

나만 좋으면 상대는 물에 빠지고,
너만 좋으면 내가 가라앉는다.

우리는 오랫동안 그렇게
번갈아 숨을 참으며
그것을 사랑이라 불렀다.

양보는 아름답지만,
나를 내려놓는 사랑은
언젠가 원망이 된다.

나를 존중하는 일과
너를 배려하는 일.
둘은 따로가 아니라
함께 피어나야 할 꽃이다.

서로 좋은 사랑이란

서로를 지탱하며

함께 물 위에 서 있는 법을 배우는 것이다.

이제, 서로 좋은 사랑을 하고 싶다.

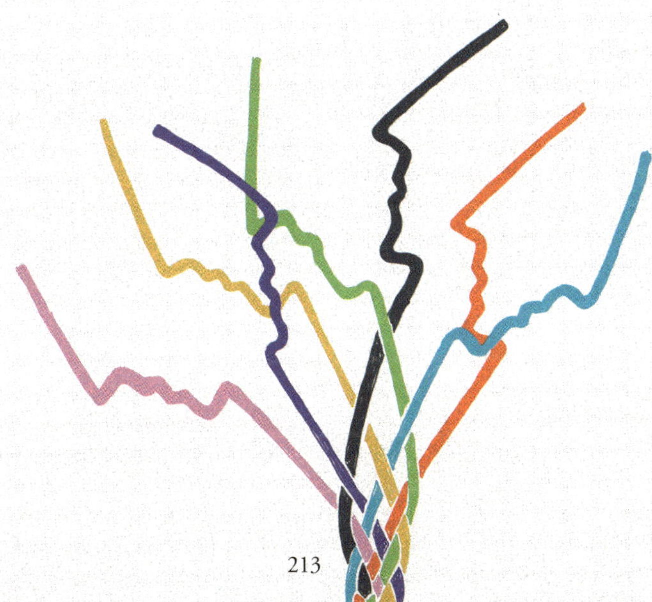

나의 기대가 그에게 족쇄로 채워져서는 안 된다. 내 사랑이 그를 가둬 버리면 안 된다. 내 꿈이 사랑하는 이를 짓누르는 수레바퀴가 되어서는 안 된다. 그에 대한 믿음으로 그에게 자유를 주라. 내가 할 일은 그를 짓누르는 수레바퀴를 치워 주는 것.

– 헤르만 헤세(Hermann Hesse, 소설가),『수레바퀴 아래서』중에서

사랑해, 미안해, 고마워, 그것으로 충분하다.

죽음 앞에서 사람들이
가장 많이 남기는 말.
놀랍게도 단 세 마디다.

사랑해.
미안해.
고마워.

도스토옙스키는 말했다.
"인간이 불행한 것은
자기가 행복하다는 것을 모르기 때문이다.
이걸 깨닫는 자는 단번에 행복해진다."

행복은 멀리 있지 않다.

우리의 일상에서,
매일의 작은 말 한마디에서
행복은 시작된다.

사랑해, 미안해, 고마워.

이 세 마디가
우리를 더 행복한 사람으로 만든다.

사랑하고, 용서하고, 감사하는 삶을 살 때
우리는 어떤 상황에서도
행복을 경험할 수 있다.

인생은 릴레이다.
우리는 서로에게 바통을 전달하며
함께 달려간다.

그 바통을 건네는
가장 아름다운 방식이 이 세 마디다.

매일 조금씩 실천하라.
어느새 당신의 인생은

더 풍요롭고 행복해져 있을 것이다.

그리고 마지막 순간이 왔을 때,
당신은 후회 없이 말할 수 있을 것이다.

"사랑했어."
"미안했어."
"고마웠어."

인생, 그것으로 충분하다.

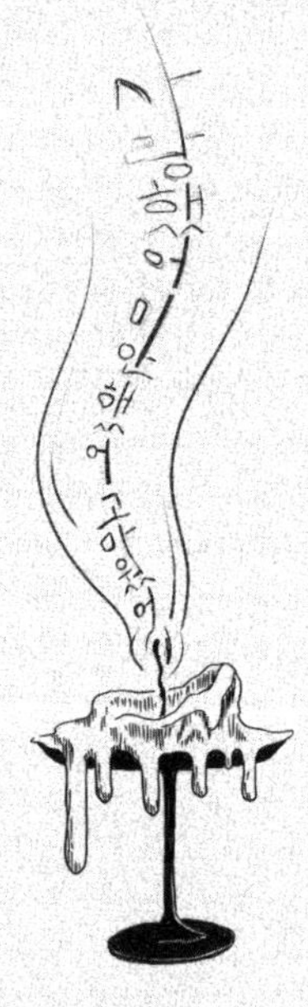

* * *

당신과 함께 있어 좋았소. 여보, 당신은 매우 훌륭한 동료였소. 매우 사랑스러운, 정말 만족스러운 삶이었소. 이보다 더 나을 수는 없을 거요. 좋고, 또 좋았소. 당신과 함께 있어서 좋았소.

- 헬렌 니어링(Helen K. Nearing, 작가),
『아름다운 삶, 사랑 그리고 마무리』 중에서

당신과 함께 있어 좋았소. 여보, 당신은 매우 훌륭한 동료였소. 매우 사랑스러운, 정말 만족스러운 삶이었소. 이보다 더 나을 수는 없을 거요. 좋고, 또 좋았소. 당신과 함께 있어서 좋았소.

행복한 나의 몰입,
그것을 그저 '살아있음'이라 부른다.

책을 읽다 문득 고개를 들었을 때,
커피는 식어 있었다.
창밖은 어느새 주황빛으로 물들어 있었다.
몇 페이지를 읽었는지,
얼마나 시간이 흘렀는지 기억나지 않는다.
다만 주인공과 함께
웃고 울었던 그 순간만이 또렷하다.

그때, 나는 행복했다.
시간 밖에 서 있었다.

우리는 늘 다음을 준비한다.
내일의 회의, 다음 주 일정, 언젠가의 꿈.
그렇게 오늘을 미루고, 지금을 건너뛴다.
하지만 진짜 행복은 언제나 '지금'에 있었다.

화분에 물을 주다 발견한 연두색 새싹.
좋아하는 노래가 흐를 때 저절로 감기는 눈.
반죽을 치대는 손끝의 따뜻한 감촉.

이 모든 순간이 나만의 몰입이다.
심리학자들은 이를 '플로우[5]'라 부르지만,
나는 그저 '살아있음'이라 부른다.

가장 행복한 사람은
많은 것을 가진 사람이 아니라,
자기만의 몰입을 가진 사람이다.

오늘, 당신만의 한 시간을 찾아라.
그리고 온전히 그 안에 머물러라.
그 안에서 당신은 가장 당신다울 것이다.

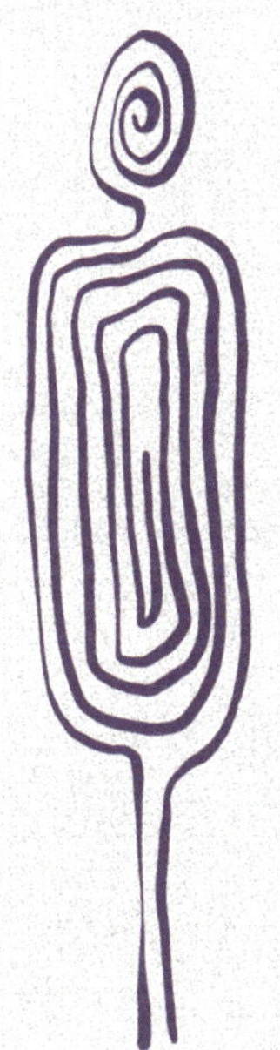

---

5. 심리학자 미하이 칙센트미하이(Mihaly Csikszentmihalyi)가 정의한 '플로우(Flow)'
라는 개념으로, 우리가 어떤 활동에 완전히 빠져들어 시간, 공간, 심지어 자아까
지도 잊어버리는 상태를 말한다.

우연의 행복

언젠가부터,
여행을 갈 때 호텔을 예약하지 않는다.

젊을 땐 모든 것을 계획했다.
어느 호텔, 몇 시 기차, 어떤 식당.
빈틈이 두려웠다.

그런데 되돌아보니 기억에 남는 건
길을 잃었을 때 만난 노을이고,
예약 없이 들어간 여관의 따뜻한 불빛이었다.

우연히 만난 사람이 평생 친구가 되고,
지하철에서 본 한 문장이 삶을 바꾼다.
비를 피하러 들어간 서점의 책 한 권,
길을 헤매다 찾은 작은 카페.

계획에 없던 것들이
가장 소중한 선물이 되었다.

삶의 가장 아름다운 순간들은
그것이 우연히 찾아왔을 때다.

나이 들수록 배운다.
삶의 아름다움은 완벽한 계획이 아니라,
우연이 들어오는 여백에 있다는 것을.
불확실함은 두려움이 아니라 가능성이라는 것을.

마음을 열면 우연이 들어온다.

이제 방향만 정하고, 길은 열어둔다.

문을 여는 순간,
우연이 웃으며 서 있다.

도움받을 용기

얼마나 오래 참았을까!
괜찮은 척 웃으며
무너지는 마음을 혼자 끌어안았다.

사람들 앞에서는 단단한 얼굴로,
집에 돌아오면 주저앉았다.

밤마다 천장을 바라보며 되뇌었다.
"내가 약한 걸까?"
"이 정도는 혼자 해결해야 하는데."
어둠 속에서, 또 혼자.

우리는 그렇게 배웠다.
강한 사람은 혼자서도 견딘다고.

하지만 기억하자.
처음 걸음마를 배울 때
우리 모두 누군가의 손을 잡고 일어섰다.

진짜 강함은 혼자 견디는 게 아니다.

"도움이 필요해."라고 말할 수 있는 용기다.

그 순간, 당신은 더 인간다워진다.

오늘, 손을 내밀어도 괜찮다.

진정한 성공은 존경이다.

존경은 소리 없이 온다.

화려한 무대 위가 아니라,
평범한 일상에서 피어난다.

아무도 보지 않는 곳에서 지킨 정직함으로.
손해를 감수하며 택한 옳은 길로.
자신의 이익보다 타인의 아픔을 먼저 헤아린 그 순간들로.

* *

존경은 빛과 같다.

스스로 빛나려 애쓰지 않아도,
내면의 진실이 자연스럽게 스며 나온다.
어둠 속에서도 그 빛은 멀리 보이고,
길을 잃은 이들의 나침반이 된다.

존경은 나무와 같다.

하루아침에 자라지 않지만,
긴 세월 비바람을 견디며 깊은 뿌리를 내린다.
그 그늘에서 누군가 쉬어가고,
그 열매로 누군가 배부름을 얻는다.

*　*

존경은 받으려 애쓸 때가 아니라,
그저 올바르게 살아갈 때 저절로 찾아온다.

존경받는 사람이 된다는 것은
그 이름이 누군가의 가슴속에서
오래도록 따뜻하게 살아 숨 쉬는 일이다.

돈으로 살 수 없고,
권력으로 강요할 수 없는,

오직 삶으로만 증명할 수 있는
그 아름다운 이름.

존경.

당신의 삶이 그 이름으로 빛나기를.

이제 무엇을 공부해야 하는지 알겠다.

나무는 나이테를 새기며 더 단단해진다.
쌓인 경험 위에서 배움은 더 깊어진다.

"이제 와서 무슨 공부냐?"라는 말은 스스로 지은 감옥이다.
그 문을 여는 순간, 세상은 다시 넓어진다.

소크라테스는 독배가 준비되는 동안에도
피리로 음악 한 소절을 연습했다.
"그래도 죽기 전에 음악 한 소절은 배우지 않겠는가?"
마지막 순간까지 배움을 멈추지 않았던 그의 말이다.

청춘의 공부가 씨앗을 뿌리는 일이었다면,
오십의 공부는 열매를 익히는 시간이다.
이제는 알고 배운다.

역사를 배우면 내 삶이 보인다.
외국어를 배우면 세상이 말을 건다.
새로운 것을 배우면 마음이 다시 뛴다.

당신은 알고 있다.

이것이 늦은 시작이 아니라, 진짜 시작이라는 것을.

배움은 새로운 눈을 선물한다.

새로운 목소리를 찾게 한다.

새로운 길을 열어준다.

오늘, 당신이 배우고 싶은 것은 무엇인가?

첫걸음을 내딛는 순간,

시간은 당신 편이 된다.

오십에 시작한 공부가 가장 재미있다.

이제야 비로소,

무엇을 위해 배우는지 알기 때문이다.

믿음은 사랑의 다른 이름이다.

우리 삶에는 두 가지 믿음이 있다.

첫 번째는 '꼭 믿어야 할 사람'이다.

어머니의 손길처럼 무조건적인 사람이 있다.

내가 실패해도 괜찮다고 말해 주는 사람.

넘어진 나를 보며 다시 일어날 거라 확신하는 사람.

이들을 믿는 것은 선택이 아니다.

숨 쉬는 것처럼 자연스럽고,

해가 뜨는 것처럼 필연적이다.

이 믿음은 우리가 세상에 발을 딛고 서 있게 하는

보이지 않는 기둥이다.

두 번째는 '믿고 싶은 사람'이다.

첫눈에 마주친 그 사람의 진심.
오랜 시간을 함께 걸어온 친구의 마음.
우연히 스쳐 지나간 낯선 이의 따뜻함.

이 믿음에는 위험이 도사린다.
배신당할 수도 있고,
돌이킬 수 없는 상처를 입을 수도 있다.

그럼에도 우리는 믿는다.

왜일까?

믿음이야말로 인간을 인간답게 만드는
가장 고귀한 행위이기 때문이다.
불확실한 세상을 향한 용기다.

두 믿음 모두 아름답다.
하나는 우리를 지탱해 주고,

다른 하나는 우리를 성장시킨다.

꼭 믿어야 할 사람은 믿어야 한다.
또한 믿고 싶은 사람도 믿어야 한다.

몸은 주업, 일은 부업

어느 날부터, 몸이 말을 걸기 시작했다.

젊었을 때는 몸이 조용했다.
아니, 내가 듣지 않았던 것인지도 모른다.
나는 달렸고, 몸은 묵묵히 따라왔다.

그런데 어느 날부터, 몸이 속삭였다.
"조금만 천천히."
"오늘은 쉬어도 괜찮아."
"제발, 나를 좀 봐줘."

처음엔 무시했다.
아직 할 일이 많았고, 멈추는 건, 지는 것 같았다.
그러나 몸의 목소리는 점점 커졌다.
속삭임이 신음이 되고, 신음이 경고가 될 때까지.

어느 새벽이었다.
욱신거리는 무릎 때문에 잠에서 깼다.

화장실을 다녀오다 거울 앞에 섰다.
낯선 사람이 나를 보고 있었다.
피곤함에 젖은 눈, 굽은 어깨, 긴장으로 굳은 턱.
그리고 어딘가 텅 빈 듯한 표정.

'이게 나인가.'

이십 대의 나는 꿈을 좇았다.
삼십 대의 나는 성공을 좇았다.
사십 대의 나는 책임을 짊어졌다.
그사이, 나는 어디에 있었나.

그날부터 달라지기로 했다.

아침마다 몸에게 묻는다.
"오늘 네 기분은 어때?"
걷고, 쉬고, 호흡한다.
천천히, 귀 기울이며.

마침내 몸이 웃기 시작했다.

그러자 신기한 일이 일어났다.
몸을 돌보니 마음도 돌아왔다.
일도 더 잘되었다.
무엇보다, 나답게 살 수 있게 되었다.

"요즘 달라 보여요."

나는 웃으며 답했다.
"나를 돌보는 일을 시작했어요."

몸이 주업이다.

* * *

네가 이루고 싶은 게 있거든 체력을 먼저 길러라. 평생 해야 할 일이라고 생각되거든 체력을 먼저 길러라. 게으름, 나태, 권태, 짜증, 우울, 분노… 모두 체력이 버티지 못해 정신이 몸의 지배를 받아 나타나는 증상이다

- 드라마 〈미생〉 중에서

네가 이루고 싶은 게 있거든 체력을 먼저 길러라. 평생 해야 할 일이라고 생각되거든 체력을 먼저 길러라. 게으름, 나태, 권태, 짜증, 우울, 분노… 모두 체력이 버티지 못해 정신이 몸의 지배를 받아 나타나는 증상이다

나를 안으며

너무 잘하려 하지 마.
살아있음, 그것으로 충분하므로.

너무 조급해하지 마.
구불구불 돌아가야 가장 아름다운 순간을 만나므로.

너무 원망하지 마.
내가 헤맨 그 길이 나를 품고 있으므로.

너무 외로워하지 마.
같은 하늘 아래 누군가가 너를 생각하고
최소 혼자는 아니므로.

너무 미안해하지 마.
우리 모두 배우며 사는 존재이므로.

너무 뒤돌아보지 마.
그리운 것은 그리운 대로
앞으로 살아갈 날이 더 의미 있으므로.

죽도록 이 순간을 사랑해.
사랑하는 것
그것이 살아있음이므로.

오십 즈음에, 다시

오십 즈음에, 이 책을 덮으며 나는 다시 거울 앞에 선다.

이 책을 펼쳤을 때와는 다른 눈빛으로. 이제 나는 안다. 오십이 끝이 아니라 시작이라는 것을. 늦은 것이 아니라, 때가 무르익었다는 것을.

거울 속 나를 보며 조용히 미소 짓는다. 이제야 진짜 나를 만나게 되어 반갑다고.

* * *

오십 즈음에, 나는 작은 것부터 시작한다.

거창한 계획이 아니어도 좋다.
완벽한 준비가 되지 않았어도 괜찮다.

오늘 아침, 거울을 보며 나에게 말한다.
"나는 오십에 새로운 전성기를 맞이하고 있다."

그리고 작은 한 걸음을 내디딘다. 미뤄두었던 책을 펼치거나, 잠들어 있던 취미를 깨우거나, 한 번도 해보지 않은 일에 도전하는 것.

작은 한 걸음이 모여 길이 되고, 그 길이 모여 인생이 된다.

* * *

오십 즈음에, 나는 이제 안다.

행복은 멀리 있지 않다. 바로 여기, 지금, 이 순간에 있다. 따뜻한 햇살, 부드러운 바람, 사랑하는 사람의 미소. 그 평범한 순간들이 바로 행복이다.

성공은 숫자가 아니다. 내가 살다 간 자리에 작은 온기를 남기는 것이다. 누군가의 삶이 조금 더 따뜻해지는 것이다.

늦음이란 없다. 시작하지 않기로 결심하는 순간에만 늦음이 현
실이 된다.

* * *

오십 즈음에, 나는 다시 서약한다.

매일 아침 나를 사랑하겠다고.
매일 밤 오늘을 감사하겠다고.

넘어져도 괜찮다. 다시 일어서면 된다.
실패해도 괜찮다. 그것은 배움이다.
느려도 괜찮다. 내 속도가 가장 아름답다.

나만의 리듬으로, 나만의 방식으로, 남은 모든 계절을 진실되게
살아가겠다고.

* * *

오십 즈음에, 당신에게 마지막으로 말한다.

이 책을 덮는 순간이 끝이 아니다. 진짜 시작이다.

지금 당신의 손에 이 책이 있다는 것은, 당신이 이미 변화를 시작했다는 증거다. 당신은 이미 용기를 내었다. 이미 첫걸음을 내디뎠다.

이제 계속 걸어가라.
당신만의 속도로.
당신만의 방향으로.

길을 잃어도 괜찮다. 길을 잃는다는 것은 새로운 길을 발견한다는 뜻이다.
혼자라고 느껴져도 괜찮다. 같은 길을 걷는 수많은 이들이 있다.

* * *

오십 즈음에, 우리는 계속 걷는다.

이 책이 당신의 아침을 깨우는 동반자가 되기를.
이 문장들이 당신의 하루에 빛이 되기를.
이 이야기가 당신의 용기가 되기를.

그리하여 10년 후, 20년 후,
당신이 다시 이 책을 펼쳤을 때
"그때 시작하길 참 잘했다."라고
웃으며 말할 수 있기를.

당신의 가장 빛나는 시간은 지금부터다.
당신의 두 번째 청춘은 이제 시작이다.
당신의 새로운 전성기는 오늘부터 펼쳐진다.

* * *

오십 즈음의 당신이,
이십보다 더 깊고 아름답게 빛나기를.

오십 즈음의 우리가,
서로의 빛이 되어 함께 걷기를.

오십 즈음에, 우리의 여정은 계속된다.

당신과 함께 걸을 수 있어 행복하다.

나의 오십은 이십을 너무 닮았다

나는 오십에 스무 살로 살기로 했다

초판 1쇄 발행 • 2026년 4월 20일

지은이 • 최재필

펴낸이 • 최성훈

디자인 • 김정현

펴낸곳 • 작품미디어

신고번호 • 제2020-000047호

주소 • 서울시 동작구 상도로 62가길 15-5(상도동)

메일 • jakpoommedia@gmail.com

블로그 • https://blog.naver.com/cshbulldog

전화 • 010-8991-1060

ISBN • 979-11-991417-8-0 (03190)